柱间史

——松赞干布遗训

阿底峡　发掘
卢亚军　译注

青海人民出版社

图书在版编目（CIP）数据

柱间史：松赞干布遗训/（宋）阿底峡发掘；卢亚军译注.——西宁：青海人民出版社，2023.1
ISBN 978-7-225-06392-8

Ⅰ.①柱… Ⅱ.①阿…②卢… Ⅲ.①松赞干布（617-650）—生平事迹 Ⅳ.① K827=421

中国版本图书馆 CIP 数据核字 (2022) 第 188908 号

柱间史
——松赞干布遗训

（宋）阿底峡　发掘
　　　卢亚军　译注

出 版 人	樊原成
出版发行	青海人民出版社有限责任公司
	西宁市五四西路 71 号　邮政编码：810023　电话：（0971）6143426（总编室）
发行热线	（0971）6143516/6137730
网　　址	http://www.qhrmcbs.com
印　　刷	陕西龙山海天艺术印务有限公司
经　　销	新华书店
开　　本	890mm × 1240mm　1/32
印　　张	7.125
字　　数	160 千
版　　次	2023 年 1 月第 1 版　2023 年 1 月第 1 次印刷
书　　号	ISBN 978-7-225-06392-8
定　　价	36.00 元

版权所有　侵权必究

岩刻壁画

雍布拉岗宫

宝瓶柱1（上）

宝瓶柱2（右）

布达拉宫

步辇图

藏王墓

 大臣噶尔东赞玉桑

 大臣屯米桑布札

大昭寺

小昭寺

罗刹女

纳木错

聂塘寺

帕邦卡

释迦牟尼十二岁等身像

法王洞内的松赞干布塑像

三位王妃

卧塘湖修建大昭寺

五位天成一体观音菩萨像

序　言

《柱间史——松赞干布遗训》一书，史称《吐蕃赞布松赞干布传——遗训金鬘》，又称《松赞干布遗教》《大悲观世音菩萨别记——遗训净金》，缘其掘藏自拉萨幻显神殿（大昭寺）的宝瓶柱顶端，故又名《柱间史》。该书历来被认为是由阿底峡尊者于他67岁时，即藏历第一花甲子土鼠年（1048年），从拉萨大昭寺发掘"伏藏"而得到的吐蕃第三十三代赞布松赞干布遗训秘籍。《柱间史》的藏文铅印版是甘肃民族出版社根据甘肃省拉卜楞寺收藏的用蓝纸银字缮写的手写本，委托毛兰木嘉措先生抄写并校勘后，于1989年9月出版。书中比较详细地记载了近千年前吐蕃王朝时期的政治、经济、文化、民族、宗教等诸多方面的史实。

纵览卷帙浩繁的藏族史籍，我们总可以或多或少地从其中看到源出自《柱间史》的一些记载，甚至有些重要史籍引经据典的内容与本书的记述如出一辙。可以说，《柱间史》一书是藏族史籍早期历史记载的"木之本""水之源"，在藏族古籍中占有十分重要的地位。

然而，千百年来，这部"掘藏秘籍"一直没有公之于世，人们只闻其之有，而不知其何在。直到1982年十世班禅大师视察甘肃省甘南州时，经大师亲自过问，才把该书从甘肃拉卜楞寺的高墙深院中抹去封尘，由甘肃民族出版社委托毛兰木嘉措先生抄写、校勘出版藏文版后，方得以重见天日。

《柱间史》汉文版，系全国民族古籍整理出版"八五"规划重点项目，由西北民族大学藏学学者卢亚军教授承担译注任务。本人应译者之请，抽空浏览了汉文译稿，颇感译文忠实准确，文笔清新流畅，兼备翻译作品的可读性和历史古籍的学术价值，足见译者为此付出了艰辛的劳动。

因该书成书较早，有些词语（包括方言、古词、地名）的确切含义和地望已无从考据，故译文中的失误之处，还望读者不吝赐教。

《柱间史》汉文版的出版，对研究、考证藏族早期的历史人物、事件和社会政治、经济、文化、宗教、民俗，促进汉藏文化交流、加强民族团结都具有重要的作用和意义。

借"序言"之页，诚挚地希望和欢迎更多的藏学学者，为藏学研究雪中送炭，锦上添花。

赛仓·罗桑华丹却吉多杰
写于一九九七年九月一日

目 录

第一章	报身教化众生	001
第二章	示现身形神变	010
第三章	化身教化众生	014
第四章	布施摄持众生	030
第五章	氏族与王统史	037
第六章	初启正法之门	057
第七章	南日松赞传略	063
第八章	诸佛授权赞布	067
第九章	圣僧迎请本尊	069
第十章	迎娶赤尊公主	080
第十一章	迎请文成公主	096
第十二章	文成公主堪舆	139
第十三章	造圣像伏妖魔	142
第十四章	修建逻些神殿	149
第十五章	赞布善业圆满	165
第十六章	赞布遗训与圣地志	169
跋（原著）		200
附录一	藏文铅印版出版前言	204
附录二	藏文铅印版校勘说明	206
译后记		208

第一章　报身教化众生

唵嘛呢叭咪吽。

> 受持听命,
> 至高无上三宝佛法僧;
> 信解虔敬,
> 大慈大悲至尊观世音。
> 依怙三主变化身
> （རིགས་གསུམ་མགོན་པོ།）[1],
> 于斯雪域吐蕃境,
> 调伏食肉赭面人
> （ཤ་ཟ་གདོང་དམར།）[2]。
> 此述法王三祖孙
> （ཆོས་རྒྱལ་མེས་དབོན།）[3],

---

[1] 依怙三主：密宗事部三怙主，即佛部文殊菩萨、金刚部金刚手菩萨和莲花部观世音菩萨。

[2] 食肉赭面人：由于受高原自然地理、日照、气候及生活方式的影响，生活在雪域高原的人脸色较深，喜食牛羊肉，故自称食肉赭面人。印度佛经中有善法将传入雪域赭面国的预言。唐代史书中有吐蕃人以赭涂面为美的记载。

[3] 法王三祖孙：藏史称松赞干布、赤松德赞和赤祖德赞（热巴巾）为祖孙三法王。

卓踪殊胜之遗训。

顶礼无量寿依怙主弟子大自在观世音菩萨（འཕགས་པ་སྤྱན་རས་གཟིགས་དབང་ཕྱུག།）[1]。

大悲观世音菩萨的身形示现及其幻化神通不可思量，不可思议。何以故，诸多佛教显密经籍中均有记述。

就本书而言，缘其无与伦比之故，俱难矣哉。智慧空行母授记说："辑录或诵读此书，其功德可以获得不可思量之洪福。"何以见得呢？智慧空行母授记又说："（此书）常人难以得之……"

然而，大悲观世音菩萨大自性身主公天竺班智达阿底峡[2]驻锡聂塘湾（སྙེ་ཐང་འོར།）[3]期间，有一天，正当他在后山的悬崖裂罅中，用阿哇比夏达语（ཨ་བ་བྷི་ཤོ་ཏའི་སྐད།）[4]给众非人讲经

---

[1] 大自在观世音菩萨：八大菩萨之一。象征一切如来大悲本性，以慈悲眼平等观见一切有情，救度所化一切众生的十地菩萨。
[2] 阿底峡（982～1054）：译言殊胜，法名吉祥燃灯智。982年诞生在孟加拉国超越城（Vikramapura，今达卡地区），与赤松德赞时期前来吐蕃传法的寂护大师同为萨霍尔（za-hor）王族。原系超岩寺上座。吐蕃王室后裔古格出家国王绛曲沃用自己赎命的重金礼聘他进藏弘法。阿底峡摄显密两宗要义，合为修行次第。著有《菩提道炬论》等著作二十多种，对藏传佛教后弘期起过重大作用，成为噶当派创始人。他所传医方明八部，对西藏医学流派的形成也起了重要作用。他在阿里古格托林寺住了3年，在卫藏住了9年，卒于聂塘，终年73岁。因其一生对古代印度与藏传佛教、文化的交流贡献巨大，藏族尊称他为"觉沃杰"（意为尊者）。按本书记载，本书就是由他在驻锡聂塘期间，从拉萨幻显神殿（大昭寺）释迦佛殿前宝瓶柱的顶端掘藏而得。
[3] 聂塘湾：拉萨西郊曲水县境内一地名。藏史记载阿底峡尊者在此地居住9年并圆寂。有仲敦巴所建聂塘度母寺，现经修葺，保存完好。
[4] 阿哇比夏达语：即讹误语，系古印度四大语种之一。

说法之际，忽见红铁二山（དམར་པོ་རི་དང་ལྕགས་ཁ་རི་）[1] 的对面，云蒸霞蔚，流光溢彩。便发问道："此何功德欤？"众非人回答说："在前方那两座山的东面，有一座聂赤赞布[2] 的后裔法王松赞干布[3] 的本尊幻显神殿。这番景象便是那座神殿的功德与顺缘所致。"

翌晨，阿底峡尊者便动身前去朝觐松赞干布的本尊神殿。他携带了许多供奉物品，由善知识瑜伽师引驾前往。及抵殿前，下乘伊始，阿底峡尊者就连连施礼，口中用桑智达语（སང་གྲི་ཏའི་སྐད་）[4] 念念有词。旋即，他弃帔疾趋上前，瑜伽师见状忙喊道："班智达尊者，释迦牟尼佛像（指世尊12岁等身像）

---

[1] 红铁二山：红山即玛波日，今拉萨布达拉山旧名。吐蕃赞布拉妥妥日年赞最先在此山建造宫殿，松赞干布时迁都于此。布达拉宫依山就势建于此山；铁山即铁围山，又称药王山，位于红山西南方，为西藏四大名山之一。

[2] 聂赤赞布：《青史》作赤赞鹘提。吐蕃王朝第一代赞布。其出处有说是色界第十三天光明天子下凡，有说是释迦王族后裔。传说初在西藏泽当附近赞塘阁希山间，被当时的十二个氏族酋长和苯波教徒共同拥立为王，舆于肩上，称为聂赤赞布，义译肩座王，为吐蕃天座七王之首。

[3] 松赞干布：译言正直严明、智慧深远之君王。《唐书》作弃宗弄赞或弃苏农。系南日松赞之子，在吐蕃王朝世系中为第三十三代赞布。他在位期间，建宫殿于拉萨布达拉山，创立文字，开始翻译佛经。制定六大法规：其一为六大要政，即分全境作五大翼，分地方作十八区，军分六十一千夫长，民分庸役与附役，亲贵主持中央，三部武士守护边境；其二为六大会议；其三为六级告身褒状；其四为六类标志；其五为六级奖惩；其六为英雄六征等六六三十六项措施，以及出世十善法，世间道德规范十六款。先与尼泊尔公主联姻，后（641年）又与唐文成公主联姻，修建大昭寺、小昭寺。遣贵族子弟至长安入国学，从汉地引进医药、历算、工艺等知识。对吐蕃经济、文化发展，及兄弟民族之间的联系，均有重大贡献。唐朝封之为驸马都尉、西海郡王，又晋封为賨王。其妃蒙萨生子共日共赞，早卒，松赞干布逝世后，由其孙芒松芒赞继位。关于其生卒年代众说不一。

[4] 桑智达语：梵语、梵文，古印度四大语种之一。一般指公元前4世纪古印度的书面语，拥有丰富的文献。亦名天语或善构语（ལེགས་སྦྱར་གྱི་སྐད་）。

供奉在惹冒切（ར་མོ་ཆེ།）[1]。"但他置若罔闻,疾入幻显神殿内。

片刻,阿底峡尊者从殿内出来问瑜伽师道:"你刚才看见我面前有什么吗?""我什么也没看见,只见您自个白忙乎了一阵罢了。"

阿底峡尊者说:"方才大悲观世音菩萨在我面前现身迎迓赞曰:'班智达亲临吐蕃,善哉!'我见之急趋其后,但未能赶上,一瞬间,他已隐入五位天成一体像（རང་བྱོན་ལྔ་ལྡན།）[2]中去了。我问你看见那白衣人了吗,你说没看见。那位现身在我面前的白衣人转眼间便隐入五位天成一体像。这尊五位天成一体神像正是大悲观世音菩萨的真如之体。"

随后,阿底峡尊者师徒二人大事供奉了一番。尊者环顾四下,不禁感叹道:"如此幻显神殿,莫非化身所建。若能知其原委,岂不妙乎矣哉!"

话音刚落,在大殿廊庑下,有一个靠行乞度日,平素时哭时笑,有时赤身裸体流浪街头,人们都叫她"逻些疯婆"的老媪开口发话道:"班智达尊者,你想知道这神殿的由来吗?"

"欲知其详,你可知否?"尊者道。

"我虽然知道,可无权禀告。不过,在此神殿宝瓶柱（ཀ

---

[1] 惹冒切:即小昭寺,公主请来的释迦牟尼12岁等身金像当初供奉于此殿,后因战乱被转移到大昭寺的一个护房内匿藏。金城公主时被重新请出来供奉在大昭寺正殿,而将尼妃赤尊公主请来的释迦牟尼8岁等身"不动佛"金像转移供奉在惹冒切正殿至今。

[2] 五位天成一体像:传说现供奉在拉萨大昭寺的十一面大悲观世音像系五位天成一体,即松赞干布造像时此像竟自然形成（此为本体）;此像内装有一尊天然形成的蛇心旃檀观世音像;松赞干布和他头顶上的阿弥陀佛以及文成公主、赤尊公主在他去世时同时神奇地纳入此像之内,故名。

བ་བུམ་པ་ཅན།）[1]的三庹半处，藏有此神殿建造者写下的文字，你取而视之，便可真相大白。"老媪刚说完就无影无踪了。

次日，阿底峡尊者主仆三人，从宝瓶柱上果然取出了三帙书卷。其中一帙是大臣们所写的《如意明月》；另一帙是后妃们所写的《圣洁素绢》；还有一帙便是这本由赞布亲自写下的史传《遗训》。

话说曾给阿底峡尊者授记的那位时哭时笑、时而又赤身裸体流落街头的疯婆子老媪，有人说她是文成公主的转世，有人说她是绿度母的化身，也有人说这两者说的是一回事。这老媪时哭时笑也不无缘由：她时而哭泣，是因为她看到众生不信解善法，随心所欲行五毒（དུག་ལྔ།）[2]之恶，罪孽深重，纷纷堕入三恶趣（ངན་སོང་གསུམ།）[3]；她时而喜笑，是因为她看到诸有情积善成德，化五毒为五智（ཡེ་ཤེས་ལྔ།）[4]，成二障清净二智圆满之佛；她时而又赤身裸体流落街头，是因为人本来就生时赤裸裸，死亦赤条条，与生俱来的身躯和衣食、首饰等尽皆无常；她靠施舍度日的原因则是，凡和合之物，如房屋、财产等一切皆空，人死后是无法带走的，故生计随遇而安足矣；至于她说无权面禀神殿建造的由来，是因为她身为女人，出身卑微；而她之所以又能给阿底峡尊者授记，是因为她与

---

[1] 宝瓶柱：拉萨幻显神殿释迦牟尼12岁等身金像佛殿前一柱名。该佛殿前有树叶柱、蛇头柱、狮头柱和宝瓶柱四根柱子。本书即由阿底峡从此柱顶端发现而得，本书因此而得名《柱间史》。据本书载，松赞干布曾命在此柱下埋藏祈愿佛教在吐蕃昌盛的伏藏。
[2] 五毒：佛教所指的五烦恼毒，即贪、嗔、痴、慢、妒。
[3] 三恶趣：佛教所说的六道轮回中，相对天、非天和人三善趣而言的地狱、饿鬼和旁生（畜生）为三恶趣。
[4] 五智：佛教所指的大圆镜智、平等性智、妙观察智、成所作智和法果性智等五智。

尊者乃前世有缘。

据说，往昔吐蕃先民之所以不为如来佛祖所教化，是因为他们生息繁衍在冰峰雪岭，森林湖泊，野兽出没，鬼魅猖獗之地的业缘所致。于此衷心感谢雪域吐蕃那些未曾被如来佛祖教化的先民们，还要感谢诸佛、众菩萨和凡人们的深恩大德。

之所以要感谢凡人，是因为凡人们曾为领悟教义而作"仲"（སྒྲུང་）；为明了事理而作"帝俄"（ལྡེའུ།）；为知晓三学（བསླབ་པ་གསུམ）[1]而作"雍仲之苯"（གཡུང་དྲུང་གི་བོན།）；为弃恶从善而作"十善之法"。如此等等，且听下文详述。

所谓"仲"，也叫传说、故事，举如《顶生王的传说》《鸟的故事》和《猴的故事》等等。在逻些幻显神殿的上护房（རྟ་འབབ།）[2]绘有许多这样的传说、故事的壁画。

所谓"帝俄"（译注：谜语），譬如说"太阳当头照，雨水下面飘"是什么？[3] "亭尼尔拔巴戏"（ཐེམ་སྙེར་སླ་བ་ཕྱིས་ཅི་ཡིན།）是什么？[4] "无毛红棒进进出出，大头黄锤敲敲打打"是什么？[5]等。类似这样的许多谜语，在神殿西北侧的木板墙上绘有图解壁画。

所谓"苯"（译注：这里指苯教徒传授或修习的某些内容），譬如"天鹿行空""禳病救人"等，在幻显神殿的树叶柱（ཀ་

---

[1] 三学：即戒学、定学和慧学。
[2] 护房：藏式寺庙突出墙外的房屋或建筑物。
[3] 谜底为"供灯""酥油灯"。
[4] 谜底为"塔"（མཆོད་རྟེན།）。
[5] 谜面似喻男女交媾之事，谜底为"打铁"（མགར་བས་ལྕགས་རྡུང་བ།）。

བ་ཤིང་ལོ་ཅན།)[1]下埋有其伏藏。

制定颁行的法规，诸如杀人命价律、盗窃赔偿律、谗妄断舌律、虚假校正律等。这些法规由君臣颁行于天下，其法典收藏于协佐（ཕྱག་མཛོད）译注：下文"在乌茹与里域僧人相遇"及"8岁时的某上午"两句语焉不详。

之所以要感谢众菩萨，是因为众菩萨在释迦牟尼初成道时说四阿含经。

之所以要感谢诸佛，是因为诸佛曾为赞布松赞干布灌顶授权。

苍穹之下，众生遍及。当初大悲观世音菩萨曾在阿弥陀佛等十一俱胝（译注：一俱胝为一千万）诸佛面前发菩提心愿道："我要于众生所在之处，让自己的每一个毛孔和每一刹意念中，都示现三世诸佛的变化身形，使他们尽皆断证无上菩提。如果我不能使众生尽皆成就菩提而独自逍遥自在，就让我的头颅像冬葵花一样裂成十瓣。"

阿弥陀佛等诸佛称赞道："善哉，善哉！族善子，我十方三世诸佛也都是如此行事才得以成佛的。我等将助你普度众生。"

观世音菩萨随之发起菩提心愿，对报身所化众生示以报身教化，对化身所伏有情示以化身调伏。不仅如此，还对声闻徒众、独觉阿罗汉以及飞禽走兽之类，也示之以类似其首领的身形，极尽教化调伏之能事。这样一来，观世音菩萨自以为所有众生皆已无一而余登上了菩萨地。仔细再看，登上

---

[1] 树叶柱：大昭寺释迦佛殿前一柱名。据本书载，松赞干布曾命在此柱下埋藏猛咒伏藏。

菩萨地的众生竟寥寥无几。经再三努力，依然收效甚微，遂大失所望。他心里暗想：唉呀呀，果然是"如来之旨不可思量，虚空之域不可思量，众生之界不可思量"。我如此竭尽全力普度众生，可如愿以偿者竟然寥寥无几，看来我是无能为力了，还是善自为之的好！不料这念头违背了自己的诺言，他的头颅随即应验像冬葵花一样裂成了十瓣。

这时，阿弥陀佛现身并把他裂开的头颅合拢到一起后说："你这是存心要诓骗我十一俱胝诸佛吗？你要务必在轮回未尽之际，竭尽全力去益利众生！"遂将其裂成十瓣的头颅变成十面之首。观世音菩萨随后又一如既往地依其化机，示现相应的身形饶益众生。

何谓圆满报身所教化之境呢？此境可谓遍及虚空之界。在虚空界有一个如同百万个娑婆世界那般广阔无垠的所谓"花庄严刹土"，遍照雪海大日如来佛就居住在这里。在大日如来佛浑身上下的每一个毛孔中，都遍布着形形色色的界土。朝上仰视的毛孔中是所谓"等同世界"（འདྲིག་རྟེན་གྱི་ཁམས་གཡི་མཉམ་པ།），这里由诸佛益利众生；横着平视的毛孔中是所谓"艾恰界土"（ངེས་ཕྱལ།），这里由声闻和独觉益利众生；向下俯视的毛孔中是所谓"伽洛界土"（གལ་ལོག），也叫"入目有宫"（སྒྲུན་གྱི་བུ་ག་ནས་འཇུག་པའི་ཁྱིམ་ཅན），这里由与自身的业力和福分相同者益利众生。在大日如来平置于胸前的双手掌心中有一片薰香大海，海中生长着无数莲花，每一朵莲花的花蕊上都有许多界土。我们这个娑婆世界，便是其中某一花蕊上二十五方界土中的第十三方界土，又正好在大日如来佛的胸际。凡投胎转生于娑婆世界的众生，尤其易生厌患出离轮回之心，故而在此娑婆世界，即便是一刹那间的行善作恶，也比在其他界土上一大劫的行善作恶还有过之而无不及。如此等情，见诸《金刚顶上密续》（གསང་བ་རྟོ་རྗེ་ཐོད་པའི་རྒྱུད།），在《大方广佛华严经》（མདོ་རྒྱས་པལ་པོ་ཆེའི་མདོ།）中也略有记述。

圆满报身教化众生之第一章竟。

第二章　示现身形神变

话说娑婆世界，大日如来佛化身为世尊释迦牟尼，于此化身所化之境广遍利乐众生。

就二百兆个赡部洲其中之一的南赡部洲而言：

自色究竟天界，大日如来佛的莲蕊胸际疾风劲吹，形成一坚不可摧的风轮；从风轮之上的金精雨云中降下牛轭之雨，形成白色的圆形水轮；疾风吹拂水轮，形成金色的方形陆地；从陆地上空的云层中降下大象阳具般的雨形成了外海；外海被风鼓荡，海中出现了围绕着须弥山的七座金山、七重游戏海和四大部洲及铁轮围山，继而众生渐次繁衍。

大日如来佛于色究竟天宫化身为遍照雪海佛（གངས་ཆེན་མཚོ་འོད་ཀྱིས་བཀྱུན་པ་），自胸际放射出二百俱胝道光芒，一道道光芒照射向一个个赡部洲。光芒照射到南赡部洲的中央金刚座（རྡོ་རྗེ་གདན་）[1]的地面上化作泡沫，在泡沫的潴聚中生长出一株株菩提树。光芒射向清静虚空形成一个个兜率天，化现出一个个白幢天子（ལྷའི་བུ་དམ་པ་ཏོག་དཀར་པོ་）[2]。大日如来佛以

---

[1] 金刚座：金刚般坚固永恒的菩提道场。中印度伽耶地方一佛教主要圣地，是释迦牟尼等三世诸佛成道之处。

[2] 白幢天子：释迦牟尼住于兜率内院时的名字。

五种观察（གཟིགས་པ་ལྔ།）[1]审视南赡部洲后，化身为六牙灰白象（གླང་པོ་ཆེ་མཆལ་དཀར་མཆེ་བ་དྲུག）, 投胎于迦毗罗卫国净饭王的王后摩耶（སྒྱུ་མ་ལྷ་མཛེས།），转生为悉达多太子（རྒྱལ་བུ་དོན་གྲུབ）[2]，以十二宏化益利众生。

所谓"十二宏化"，即兜率降世、入住母胎、圆满诞生、少年嬉戏、受用妃眷、从家出家、行苦难行、趋金刚座、调伏魔军、成正等觉、转妙法轮和入大涅槃。

世尊释迦牟尼三转法轮，即在贝拿勒斯鹿野苑（བ་ར་ཎ་སི།）初转四谛法轮；在王舍城（རྒྱལ་པོའི་ཁབ།）中转无相法轮；在广严城（ཡངས་པ་ཅན།）和莲华城（པདྨོ་ཅན།）三转了义与不了义法轮。最后世尊在拘尸那城（གྲོང་ཁྱེར་རྩྭ་མཆོག）为了劝勉那些受世间恶行困扰，而于善行懈惰不乐之徒信奉善法，意欲以身示灭。

就在世尊行将入寂之际，西方极乐世界怙主阿弥陀佛预见世尊行将涅槃，便对身边会众弟子中出类拔萃、法力广大的大悲观世音菩萨说："族善子，在距离我们这里就像恒河沙一样无可数计的遥远东方，有一位叫'释迦牟尼'的如来佛，他正在一个叫作'娑婆'的世界传经布道。我预见他行将示寂，可他的夙愿尚未圆满实现。我想让你前去请求他暂勿入寂，不知愿往否？"

观世音菩萨回禀道："弟子愿往。"

阿弥陀佛又嘱咐道："你此去一定要敦请世尊在他涅槃之

---

[1] 五种观察：如来依五种观察选择降诞人间。即迦毗罗卫国国王、种姓刹帝利、氏族甘蔗族释迦、生母摩耶、时令五浊恶世。
[2] 悉达多太子：释迦牟尼未出家前的名字。

前，为雪域众生转动法轮。"话音刚落，观世音菩萨便从极乐世界隐身而去。

《诸种瀑流经》（ཆུ་རྒྱུན་སྣ་ཚོགས་ཀྱི་མདོ།）说："大悲观世音是诸菩萨中最为殊胜的菩萨，他在三千世界的大千世界中化身为就像恒河沙一样无以数计的佛益利众生。"《佛陀胜乐金刚经》（བུན་ཏྭ་རི་གའི་མདོ།）中说："观世音在三千世界的中千世界中化现出就像四大种（འབྱུང་བ་ཆེན་པོ་བཞི།）[1]极微尘那样多的化身，广行十二功业，普遍利乐众生。"又据《大悲诸种游戏经》（སྙིང་རྗེ་སྣ་ཚོགས་རོལ་བའི་མདོ།）载："观世音菩萨在一百俱胝赡部洲的中心金刚座化身为一百俱胝世尊释迦牟尼，在一百俱胝雪域化身为一百俱胝赞布松赞干布及一百俱胝尼妃赤尊公主和一百俱胝汉妃文成公主，还幻变出一百俱胝幻显神殿，广遍利乐雪域诸有情。"

就在观世音菩萨离开极乐世界前来娑婆世界的时候，世尊释迦牟尼正在迦耶首山（རི་ག་ཡའི་མགོ）向人山人海的会众弟子宣说礼赞大悲观世音菩萨的无量功德。当时，有位名叫"除盖障菩萨"（译注：八大菩萨之一）的会众弟子聆听世尊的礼赞后，站起身来问世尊道："这位奇异殊胜的观世音菩萨现在何处？弟子欲往见识见识。"

世尊释迦牟尼说："观世音菩萨能在其每一个毫毛孔中化现出无以数计的如同我们这样的佛国，广遍利乐赡部洲的诸有情。像你这样的人是难以轻易见到他的。你若有缘能得

---

[1] 四大种：地、水、火、风四元素。由此四元素形成一切色法，故名为种；其体广大为一切色法所依附处，其极微尘普遍存在于一切色法集合体中，故名为大。合称为四大种。

到薄伽梵的神变加持再来见我，到那时，我会以光芒示之于你的。"这段记述载于《佛说大乘庄严宝王经》（ཟ་མ་ཏོག་བཀོད་པའི་མདོ།）。

由此可见，苍天之下，众生遍及。众生所在之处，观世音无所不在，并广遍益利众生！

世尊释迦牟尼与其随从弟子一度仍安住于则达苑（མཛོ་ཏའི་ཚལ།）。

示现身形神变之第二章竟。

第三章　化身教化众生

　　大悲观世音菩萨在五彩缤纷的华盖宝幢簇拥下，伴随着天界妙音从天而降来到世尊释迦牟尼面前。世尊的随从弟子们心想，你来自天庭的菩萨非同一般，而我等住在地界的菩萨也非同小可，故不曾上前施礼。观世音菩萨嫣然一笑而了之。

　　观世音菩萨启白释迦牟尼道："释迦世尊，你的夙愿尚未圆满，你还不曾为雪域众生转动法轮呢？"

　　世尊回答说："生息繁衍在雪域的众生是很难调伏的，况且当下时机尚不成熟，有待来日仰仗像你这样的菩萨相机教化之。"

　　观世音菩萨又启请道："西方极乐世界怙主如来佛预见世尊行将涅槃，故让我前来请求你暂勿示寂，不知世尊意下如何？"

　　世尊说："我现在除了外道自然派（ཀུན་ཏུ་རྒྱུ་རབ་བཟང་།）和干达婆极喜王（དྲི་ཟ་རབ་དགའ།）之外，其他所有化境已圆满告竟。剩下的事只有为了让那些懈怠之徒信解善法，进入空门而以身示灭而已矣。"

　　观世音菩萨又问："那么北方雪域之地，世尊身之大驾未曾亲临，语之光辉不曾照耀，这又如何是好呢？"

世尊道:"要说那些生息繁衍在雪域的众生,他们不曾蒙受如来教化,依然处于蒙昧黑暗之中,世代生息在自恶趣复往恶趣的人世间。但凡人死了之后,就像雪花飘落海面,纷纷坠入三恶趣而绝无一人能逃避,故而有待将来由你这样的菩萨去调伏。"

世尊话毕,观世音菩萨即刻隐身离开则达苑而去。他回到极乐世界后向大日如来佛启禀道:"世尊释迦牟尼说,雪域非他教化之境,将来应由我去教化。"

如来佛说:"族善子,那些生息在雪域的众生,诚属难以调伏之有情。但凡那儿的人死后,便即刻往趋恶趣,坠入铁牢般的无间地狱(མནར་མེད།)[1]。到将来适当的时候,你要以幻化神通先行摧毁无间地狱,尔后才能施之以教化。起初应以布施摄持众生,然后要以佛法使其相继成熟解脱,最后再普度他们到极乐世界我这儿来,我也会协助你调伏并从恶趣道拯救那里的众生。"

听罢如来佛的敕谕,观世音菩萨又启奏道:"大日如来佛祖,我愿将那些与至尊及在下有缘分的雪域众生,普度到极乐世界的怙主您这儿来。"

观世音菩萨说完便告辞如来佛,前往娑婆世界,驻锡于天竺的圣地普陀山。

一日,世尊释迦牟尼自胸际放射出五彩的光芒,旋即又收纳于口中。弟子阿难陀(ཀུན་དགའ་བོ)见状忙问:"世尊,您这是怎么回事啊?"

---

[1] 无间地狱:梵音译作阿鼻地狱。八热地狱之一。

"你去问弥勒慈尊（འཕགས་པ་བྱམས་པ་）好了。"世尊示意道。

弥勒慈尊回答说："这光芒是世尊即将涅槃的先兆。你们有什么要问的就赶快去问，现在已到最后的时刻了！"

弟子们闻悉世尊行将示寂，纷纷悲叹道："祖师如果入寂了，我等岂堪忍受哉！"当时就有五百罗汉幻化出上身流水，下身着火的样子先行入灭，随即大部分菩萨纷纷前往他方异土。

当时文殊菩萨（འཕགས་པ་འཇམ་དཔལ་）与阿难陀尊者也在场，他俩对世尊哀叹道："往昔善男信女敬仰您，断除疑惑仰仗您，施主布施依赖您，制戒六部（དུག་སྡེ་）[1]凭靠您，降伏外道全仗您。现在世尊要是入灭了，恶行弟子谁来制戒？徒众疑惑谁来断除？施主布施谁来收受？外道邪说谁来镇伏？呜呼哀哉，世尊去矣！"

世尊说："在我涅槃后不久，将会有证得念住总持的声闻弟子们集结我之所说，众等疑惑可凭借我的经典断除；六部恶行弟子原本是异方刹土佛的化身，他们将来会自行调伏的；至于布施供养，可由我的声闻比丘来维持；再则，为了镇伏外道，弘扬善法，请造立我的替身像即可矣。"

世尊话音刚落，帝释天（བརྒྱ་བྱིན་）随即承诺道：请允许我帝释天王做世尊三身造像的施主。紧接着工巧天毗首羯摩（བི་ཤོ་ཀརྨ་）承诺做造像的工匠；七十二护法神承诺做造像的侍卫；金刚手大势至（ཕྱག་ན་རྡོ་རྗེ་）承诺做造像的持密；姊妹护法神（མགོན་པོ་ལྕམ་དྲལ་）承诺做造像的护法女。随后，释迦

---

[1] 六部：释迦牟尼的六众声闻弟子，即难陀、邬难陀、阿说迦、补捺婆素迦、阐陀、鄥陀夷。佛制戒多缘此六比丘而起。

牟尼自口中放射出三道光芒，一道射向弥勒慈尊，一道射向大梵天，一道射向罗睺罗（གཟའ་ར་ཧུ་ལ）尊者。这三道光芒一连照射了六天六夜。

"这是怎么回事呢？"弥勒慈尊问世尊道。

世尊说："你以为如何？不妨道来。"

弥勒慈尊答道："莫非世尊行将入寂，这是示意我们为您造立替身像？"

罗睺罗尊者说："这是命弥勒慈尊造立世尊的化身之像，命大梵天造立报身之像，命我造立法身之像。"说完，罗睺罗尊者隐身而去。

不一会儿，罗睺罗尊者已将帝青宝石、璁玉、水晶和金银珠玉等天界与凡间的无数珍宝拿来堆放在工巧天毗首羯摩的面前。工巧天用这些造像材料熔炼造立了一个瓶状宝塔，以示世尊的法身面向十方。随后又将它移上天空，以示世尊的法身一如苍穹之广大。此塔中柱木长约大梵天的一庹，塔身色泽湛蓝，光彩夺目，功德妙胜，只要围绕它行走七昼夜，便可获得殊胜悉地（མཆོག་གི་དངོས་གྲུབ）[1]。此塔后来被空行佛母迎请到乌仗那啊噜迦国（ཨུ་རྒྱན་དེ་ཏུ་ཀའི་རྒྱལ་ཁམས），作为那里的非人积聚资粮之所依，此塔被称之为"无触圣塔"（དཔལ་རེག་པ་མེད་པའི་མཆོད་རྟེན）。

没多大工夫，大梵天也拿来了数不胜数的赛迷日（ཟེ་མེ་དུ）、装饰品（བཀོད་མཛེས）和水晶石等奇珍异宝堆放在工巧天的面前。工巧天又用这些造像材料熔炼造立了一尊高约八十

---

[1] 殊胜悉地：至高无上的成就，即佛位或佛果。

由旬的浅蓝色圆满报身佛像。此像也有其殊异功德，只要向它供奉祷祝，它便能使你在十二日之内到达"广果天"[1]。这尊佛像被安立在前往天竺金岛（རྒྱ་གར་གསེར་གླིང་།）途中的一个湖泊中央。它被世间显达诸神作为积聚资粮之所依。世人称之为"调伏外道像"（མུ་སྟེགས་འདུལ་བྱེད།）。

时隔不久，弥勒慈尊也将无以数计的珍宝拿来堆放在工巧天的面前。其中有因陀罗尼、因陀罗嘎巴、帝青宝（译注：以上三种均属蓝宝石）、子母绿、红莲宝石等五种天神之宝，还有珊瑚、青金石、珍珠等凡人之宝以及介于神宝和人宝之间的五十五种珷玞。要为世尊释迦牟尼造像，那么他的身高该是多少呢？色界众神说应是人的三十六肘，欲界众神说应为人的十六肘，而波斯匿王（རྒྱལ་པོ་གསལ་རྒྱལ།）[2]等人则说世尊的身高与其弟子阿难不相上下。

工巧天见诸说不一，便说："那就让我量一下世尊的身高吧！"于是，他当着释迦牟尼的面，把一条宝绳系在世尊的足趾上，打算从脚往顶髻丈量一下。可不知怎的，工巧天使尽浑身解数，一连往上拉了七次宝绳也没能量到世尊的头顶。其实，这时他已量到一个叫作"喜梵住"（མདངས་དགའ་བ་ཅན།）的佛国清净世界。

工巧天问乐施菩萨（དགའ་བས་སྦྱིན།）道："请问此地乃何方？这里的至尊怎么称呼？"

乐施菩萨说："工巧天，此地乃'喜梵住'清净世界，这

---

[1]　广果天：四禅天之第三层。住于此界诸天之福泽，广于自此以下余诸凡夫福报所感同分善果，故名广果天。
[2]　波斯匿王：古印度舍卫国国王胜光王。相传他与释迦牟尼同年同月同日生。

里的至尊叫'喜乐吉祥如来佛'(དགའ་བའི་དཔལ།)。"

工巧天又问喜乐吉祥如来佛道："这里距下界的娑婆世界有多远？"

喜乐吉祥如来佛说："此方刹土与下界娑婆世界之间相距之遥，就像这里的极微尘一样无以数计。你之所以能到达此界，正是释迦牟尼为了显示如来之躯无可度量，才作法让你来到这里的。若仅凭自身的本领，你即便竭尽一生之力也攀爬不了多高，永远无望抵达此境。就连那些证得阿罗汉果位神通的大声闻弟子和证得十地(ས་བཅུ།)[1]的菩萨们，尚且无法见到世尊的顶髻，更何况你呢！释迦牟尼佛的顶髻也就是如来之神通，别说一般的声闻和菩萨，即便是大声闻和大菩萨，其神变也无法凌驾于如来的神通之上。"

工巧天又请教道："既然如此，我怎样才能重返娑婆世界呢？"

喜乐吉祥佛说："你只要忆念一下你师尊的功德，即刻就能回去了。"

工巧天照他说的刚一闪念，只一个挥挥手、弯弯腰的功夫，就回到了原来的地方。

如上所述，《大宝积经》(འཕགས་པ་དཀོན་མཆོག་བརྩེགས་པ་ཆེན་པོ།)卷首"无量身密品"中有记述。如此等情在奔塘吉曲寺(བུས་ཐང་སྐྱེར་ཆུའི་ལྷ་ཁང་།)也绘有壁画。

释迦牟尼又对工巧天毗首羯摩说："方才我是向你显示了一下如来佛的身高及其相好是无可度量的。请你为我造立两

---

[1] 十地：大乘菩萨十地，即欢喜地、离垢地、发光地、焰慧地、极难胜地、现前地、远行地、不动地、善慧地、法云地。

尊替身像，其一是我 8 岁时的等身像，另一是我 12 岁时的等身像。如果无人知晓我 8 岁和 12 岁时的身高，你可去迦毗罗卫城找一位曾给我当过乳母的老媪打问打问。"

这位老媪被寻访到后，她告诉工巧天说："……大概与迦毗罗卫城凉亭门口的两尊士男雕像一般高。"释迦牟尼闻言瞥了乳母一眼，她会心地又笑着说："王子 8 岁和 12 岁时，我曾陪他在迦毗罗卫城的凉亭附近嬉戏玩耍，凉亭门口有一里一外两尊士男雕像，分别与王子 8 岁和 12 岁时的身高一模一样。"

工巧天按照凉亭门里边的士男造立了一尊释迦牟尼 8 岁时的等身像，又照着门外边的士男造立了一尊他的 12 岁等身像。这两尊造像，目光环视徒众，手执登地法印，足踩八辐金轮，头戴珠宝顶冠，浑身流光溢彩。座基上雕饰着一百单八只雄狮像和一百零八尊度母像；宝座的靠背上镌刻着《广大游戏经》和《十二行状图》；在光环的四周和颈窝后精雕细镂着三十五尊佛像和甘露漩王像；靠背的左右两侧是舍利子、目犍连、阿难陀和须菩提等四大声闻弟子的雕像；靠背的后面镌刻着四庄严（རྒྱན་རྣམ་བཞི）[1]、七政宝（རྒྱལ་སྲིད་སྣ་བདུན）[2] 和八瑞相（བཀྲ་ཤིས་རྟགས་བརྒྱད）[3]。佛像头戴五种珍宝的五佛（རྒྱལ་བ་རིགས་ལྔ）[4]，身穿百莲图案的织锦缎。这两尊造像中各安放了灭累佛、胜观佛、宝髻佛和饮光佛等三佛（译注：原文如此）

---

[1] 四庄严：戒庄严、定庄严、慧庄严和陀罗尼庄严。
[2] 七政宝：金轮宝、神珠宝、玉女宝、主藏臣宝、白象宝、绀马宝和将军宝。
[3] 八瑞相：吉祥结、妙莲、宝伞、右旋海螺、金轮、胜利幢、宝瓶和金鱼。又作镜、酪、长寿茅草、木瓜、右旋海螺、牛黄、黄丹和白芥子八吉祥物。
[4] 五佛：大日如来、不动如来、宝生如来、无量光如来和不空成就如来。

的圣物舍利各一摩揭陀升；在造像的右乳部还安放了一个鸽子般大小的"义成如意宝"。这两尊造像集三身（法身、报身、受身）于一体，凡被迎请所到之处，那些证得声闻预留果（ཉན་ཐོས་རྒྱུན་དུ་ཞུགས་པ།）[1]、一来果（ལན་གཅིག་ཕྱིར་འོང་བ།）[2]、不还果（ཕྱིར་མི་འོང་བ།）[3]和阿罗汉的声闻弟子及登地菩萨们，就会像日光中的游尘一样密密麻麻地聚集在它的周围，故而这两尊造像所在之处，大乘佛法便会自然而然地弘扬光大。

这两尊等身像是由工巧天毗首羯摩做工匠，天王帝释天当施主，弥勒慈尊奉献造像材料造立的。金刚手说他既然是三世诸佛的持密者，理应做替身佛像的持密并承诺司其庙祝。大自在天的长子象鼻天承诺做替身佛像的供养施主。至于造像的授位暨开光则由薄伽梵如来应正等觉佛陀释迦牟尼亲自主持。

世尊释迦牟尼曾说：我的替身造像将与世长存，如同我释迦牟尼与世长在。外道邪说将被它镇伏，佛教正法将长盛不衰。造像所安立之处便是器世间的中央，它将替天人师如来应正等觉行道于天下。

这两尊造像最初都供奉在波斯匿王那里。后来，8岁等身像被龙王目支邻陀（ཀླུའི་རྒྱལ་པོ་བཏང་བཟུང་།）迎请到龙地益利众生长达两千年之久。其后，尼泊尔国王哈蓝（ཧ་ལན）的上座比丘喜昧达曲巴德（ཤེ་མེ་ཏ་རྒྱ་འབབ་དེ）与堪布伽尔仙姆（མཁན་པོ་གར་ཤི）,以其神通得知释迦牟尼的不动金刚像（8岁等身像）

---

[1] 预留果：四沙门果中，已断见所断，未断修所断者。
[2] 一来果：四沙门果中，已断欲界修断六品以下诸惑，尚须返还欲界一次者。
[3] 不还果：四沙门果中，已断欲界九修所断，不须返还欲界中者。

在龙王那里，而龙王目支邻陀正病魔缠身，龙体欠安。他俩便借此机会给龙王治好了病，龙王遂将不动金刚像作为报酬献给了他俩，只留下座基作为供奉之所依。（当时双方还约定）当佛法衰微之时，此像将准许请回，而且人世间的所有供奉之所依，都将被迎请到龙地。释迦牟尼的无座8岁等身不动金刚像连同华盖装饰，就这样被比丘喜昧达曲巴德和堪布伽尔仙姆从如来沐浴湖迎请到了尼泊尔，并在那里益利众生两千年之久。至于这尊8岁等身像后来又是如何被迎请到吐蕃的情形，详见下文松赞干布迎娶尼妃赤尊一章。

色界众神请工巧天造立了一尊身高为三十六肘的释迦牟尼替身像。此像被大梵天迎请到色界作为色界众神积聚资粮之所依，这尊造像不曾被他方再度延请。欲界众神请工巧天造立了一尊身高六十肘的释迦牟尼替身像。此像也被六部圣比丘迎请到了尼泊尔，而且没有被他方再度迎请而迁移。

释迦牟尼的12岁等身像，最初被帝释大连同座基、靠背、顶冠及华盖一并迎至兜率天界五百年后，被乌仗那的空行佛母等迎请到乌仗那地方益利众生又五百年，兜率天界只留下了华盖。其后又被天竺的成道班智达，除留下顶冠之外，连同座基、靠背一并迎抵天竺安立在那烂陀寺，在天竺益利众生又五百年。至于此像后来又是怎样被迎请到汉土的情形详见下文。

世尊释迦牟尼涅槃之后，那些声闻大弟子们也随即从胸口喷出烈火，其身化为乌有。而那些地界菩萨们则纷纷为各自的化机而各奔东西。

后来不久，有五百之众的上师比丘聚集在一个叫"甲日阿修罗秘窟"（ཤར་ཨ་སུ་ར་གསང་བའི་བྲག་ཕུག）的岩洞里，集结了世尊释迦牟尼所说三藏（སྡེ་སྣོད་གསུམ）[1]，并由工巧天书记备忘。由此可见，比丘理应是佛陀教法的主持。

当佛入寂百年之际，为使佛法永不湮灭，五百比丘在广严城集结了世尊初转法轮的三藏要义，辑纂成《大毗婆沙论》（བྱེ་བྲག་བཤད་མཚོ་ཆེན་པོ）三百函。这便是最早的佛教典籍。世尊入寂四百年顷，龙树（ཀླུ་སྒྲུབ）大师降世并摄中转法轮要义，撰著《中观理聚六论》（དབུ་མ་རིགས་པའི་ཚོགས་དྲུག）等经论。世尊入灭九百年之后，又有弥勒慈尊说《慈氏五论》（བྱམས་པར་འགྲེལ་བ་ལྔ，即 བྱམས་ཆོས་སྡེ་ལྔ），广释三转法轮之精要，并使之广为正确观见，清净修习。

此后又过了五百年许，摩揭陀国有一位成道者为修习光明主母本尊而前往东方高帕拉城（བ་འདྲི）。他在城中遇见一位身边带着两个幼童，披头散发正捶胸顿足号啕大哭的女人，便上前问道："夫人何故如此悲伤？"那女人泣诉道："这下该轮到我的孩子当国王了。"

"这有什么好哭的呢？"成道者又问。

女人答道："一旦当了国王，我的孩儿就没命了！"

成道者说："既然如此，可不可以让我来当这个国王呢？"

"那就悉听尊便吧！"那女人求之不得地说。

傍晚，城里的人们都聚集在王宫前，为这位不速之客授权加冕，并说："百姓若无君主，则法度废弛，国无宁日……"

到了半夜时分，这位成道者仍坐在国王的宝座上。忽然，

---

[1] 三藏：经藏、律藏和论藏。

一龙妖乔装的王妃蛇行般地悄悄凑上前去刚要对他下毒手，结果反倒被成道者给杀了。

拂晓，人们原以为那个内道（指佛教徒）国王已遭龙妖所害，敲着锣打着鼓前来为他收尸，可没料到他竟然还活着。

这位装扮成国王的成道者说："我已将专吃国王的龙妖收伏了，现在该轮到谁当国王，你们就让他当国王好了。"

大家恳求他说："就请阁下当我们的国王吧！"

于是，这位名叫"达巴"（དག་པ། 无垢）的成道者就当上了他们的国王。达巴后来生有一子，名叫"达磨婆罗"（法护）。达磨婆罗的儿子叫"帝巴婆罗"（天护）。

达磨婆罗即位以前，世尊释迦牟尼的12岁等身像已在那烂陀寺安立并益利众生四百年。后来因恐毁于异教兵燹，这尊佛像被转移到易守难攻的奥丹达布日寺（ཨོ་ཏན་ཏ་པུ་རི། 能飞城寺），又安住了一百年。达磨婆罗王在位期间，异教徒大举入侵摩揭陀，摩揭陀国王一败涂地。那烂陀的八怙主神殿和八度母神庙等许多寺庙殿宇被夷为平地，高僧大德惨遭杀戮，佛经典籍全被焚毁，佛教善法濒临湮灭。

就在这兵连祸结之际，达磨婆罗王派使臣向汉地盖希万门汉皇（རྒྱ་ནག་གི་ཞི་ཁྲི་སྒོའི་རྒྱལ་པོ།）告急求援说："呜呼，我有普度众生之善法，竟无端遭异教徒妒仇！在异教徒和杜日嘎（དུ་ར་ཀ།）军队的铁蹄下，我佛善法濒临绝境。汉皇陛下天下无敌，敦请速发兵救援。"

汉皇不仅答应出兵，还特意赠给达磨婆罗国王两样礼物。其一是无论怎么穿着，胸前都有吉祥结的两件无缝织锦大氅。达磨婆罗将其中的一件又奉送给了跋嘎罗国王（བྱ་བྱ་ལ།），以求他也派兵援救。这样一来，汉军、跋嘎罗军以及法王达磨婆罗的军队分兵合力，一举击溃了异教徒和杜日嘎的大军，并捣毁了异教徒的神殿，彻底征服了外道异教。汉皇的另一样礼物便是后来帮助达磨婆罗王修复寺庙，缮写经籍，重振法度，使佛法昌兴如昔。

所有这一切都是汉人的恩德。达磨婆罗王一心想回报汉皇，又苦于无可奉献。他怕人们说他身为一国之君，却知恩不报。为此，他坐卧不宁，寝食难安。正当国王左右为难之际，有人传来汉皇旨意说："天竺佛法昌盛，汉地善法方兴，你若知恩图报，就请将佛宝依处——释迦牟尼12岁等身像，法宝依处——《无量瀑流经》（ཆུ་རྒྱུན་བ་ཚད་མདོ་）、《大乘严经》（རྒྱན་སྟུག་པོའི་མདོ་）、《律严经》（འདུལ་བ་བཀོད་པའི་མདོ་）和《佛说大乘庄严宝王经》（ཟ་མ་ཏོག་བཀོད་པའི་མདོ་），僧宝依处——经部论师、对法论师、持律上师和波罗蜜多师等四部比丘送给我就行了。"

达磨婆罗王与长老、高僧、施主等再三商议，予之不忍，弗予不行，最后还是决定把世尊12岁等身像和上述四部佛经、四部比丘作为回报汉皇的赠礼，用船送往汉地。从此，汉地得以佛法兴盛，万事如意（原注：天竺奥丹达布日寺仅保留下了世尊12岁等身像雕有十二行状图的靠背）。至于这尊无座基和靠背的12岁等身像，后来又是怎样被汉妃文成公主作为自己的供奉，由天乐和龙喜两位大力士一行送到吐蕃并安立在小昭寺大威德龙殿的有关情形，详见松赞干布迎请文成公主一章。

此外，有关"不语佛像"（སངས་རྒྱས་ཅང་མི་གསུངས་པའི་སྐུ་ཚབ་）的造立，有这样一段传说：

在世尊涅槃八十年之际，一位名叫摩诃钦布的婆罗门人有三个儿子，老大名叫摩诃萨美，老二叫布萨美，老三叫匝扎萨美。

有一天，一向和睦相处的兄弟仨争吵了起来。当他们一个个泪汪汪地回到家后，母亲问他们说："饿了有吃的，冷了有穿的，你们这是怎么啦？"

老三诉说道："我们不是冻着了，也不是饿着了，而是因为我说佛法僧三宝最好，内道佛教最好，可他俩硬是说大自在天最好，外道异教最好。我们争执不下，这才吵了起来。"

母亲说："究竟谁是谁非，你们一同向北翻过七座黑山岭，到冈底斯山去问问大自在天就明白了。"

母亲说罢，又给兄弟仨每人脚上抹了些神行药膏，让他们腾云驾雾而去。兄弟仨到了冈底斯山后，看见山脚下有三位天女，正拎着精美的花篮采撷五颜六色的鲜花。便上前问道："你们采集鲜花干什么？"天女回答说："大自在天要用鲜花供奉声闻圣者。"

兄弟仨跟随天女来到一处地方，见大自在天正在向世尊的声闻弟子祷祝。不一会儿，众声闻弟子从天而降坐在铺好的坐垫上，大自在天向他们又是供奉又是献花，众声闻弟子旋即又隐身消逝在碧空中。

婆罗门三兄弟随后问道："大自在天神，请问究竟是内道佛教好，还是外道异教好呢？"

大自在天说："我虽可速成今生之共通悉地（ཐུན་མོང་དངོས་

གྱུག)[1]，却无法获得来世之断证菩提。我之所以要供奉众声闻圣者，也正是为了能得到来世的安乐。刚才你们不也都耳闻目睹了吗？"大自在天说罢又口占一颂曰："至尊上师天上天，供奉之所应供处，三界无与伦比者，至高无上薄伽梵。"兄弟几个这才恍然大悟，果然是佛法至妙至善。

回到家后，兄弟仨向母亲叙述了他们的所见所闻。母亲这才说："我早就知道佛法至善，但如果我当时就这样告诉你们的话，你们会以为我持有偏见。"

兄弟几个又问母亲，若是皈依佛教，应在何处安立供奉他们各自的依怙神像。母亲对老大说："世尊释迦牟尼曾在坐落在雪山之脉、恒河之畔的婆罗奈斯（ཡ་ར་ན་སི）地方迦尸圆波罗奈城的鹿野苑（དྲང་སྲོང་ལྷུང་བ་རི་དགས་ཀྱི་ནགས）初转四谛法轮，你就在那儿有金刚石的地方安立供奉你的依怙神像。"

接着母亲又告诉老二说："在世尊释迦牟尼中转无相法轮的王舍城鸟鸣竹林园（འོད་མའི་ཚལ），有一处叫八圣地的地方，你可在那里安立供奉你的依怙神像。"

随后母亲嘱咐老三说："因为你一开始就崇信佛法，所以你安立供奉神像的地方，要比你两个兄长的地方更为妙好。在恒河岸边的浴佛湖畔，有一处水牛卧过的地方，埋着一棵白旃檀树，你把它挖出来用白乳牛的乳汁洗刷干净，再让四名少女把它研磨成粉末后包起来。然后，你在金刚座世尊曾作'无漏禅定'（ཟག་པ་མེད་པའི་ཏིང་ངེ་འཛིན）的地方，砌一个外形像塔，里面是屋的砖塔，再把白旃檀粉包裹起来放入塔内。

---

[1] 共通悉地：共通成就依托药物、咒语之功，内外道皆能证得的成就。

过上六个月零六天,你的神像便会自然出现。"

就在老三依照母亲的吩咐一一照办的时候,摩揭陀城里有一位船老大要出海打捞珍珠,临行前他父亲让他顺便买一个"别人都不要的东西"回来。他觉得老爷子这话说得有点叫人摸不着头脑,不过还是答应了。

当船老大和珠宝商满载而归时,船舱里突然冒出了一个浑身蓝乌乌的怪人。珠宝商都说这不速之客是歹徒,就把他五花大绑起来准备处死。这时船老大忽然想起了临出海时父亲的嘱托,心想莫非此人便是那个"别人都不要的东西"。于是,他索性用自己的那一份珠宝把这怪人赎了下来。不料,这家伙纵身一跃跳进了大海,手里举起一个长约一肘,两端镶着两个球形子母绿宝石的宝物,口中喊道:"恩公救我一命,我献此物谢恩。"船老大喜出望外,心想这两颗子母绿宝石,岂不正好可以作匝扎萨美神像的眼珠吗!船一靠岸,他就迫不及待地将那两颗宝石轻轻磕下,拿去送给了匝扎萨美。匝扎萨美随即把这两颗宝石从一个小孔放进了砖塔。

到了六个月零五天时,母亲对匝扎萨美说:"儿啊,请打开塔门,让我看看你的神像究竟像不像佛陀。"

匝扎萨美说:"现在开门为时尚早,还差一天就到时间了。"

母亲央求儿子道:"我怕是活不到明天了,除了我再没人见过佛陀,我要是不亲眼看看,就没人知道它究竟像不像佛陀。"

儿子无奈只好打开了塔门。老母亲看过后告诉儿子说,你的这尊神像与佛陀有八处不像,并一一描述道:"佛陀的顶髻肉眼看不见,而此像的顶髻肉眼看得见;佛陀的头发乌黑,而此像的青丝发蓝；佛陀眉宇间有利众生的旋毫，而此像没有；佛陀有不同种族的人们都能用各自的语言听得懂的法音，而此像无有；佛陀能以四威仪（སྤྱོད་ལམ་རྣམ་པ་བཞི།）[1]利乐众生，而此像不能；佛陀不用动手即可穿着信徒奉献的衣物，而此像需他人穿戴；佛陀身上有一庹周圆的光环，而此像没有；佛陀能放射出无量的光芒，而此像不能。除此而外，这尊佛像的神通威力和妙胜功德一如佛陀。"

儿子又问母亲："那么我的这尊依怙神像会有怎样的殊胜功德呢？"

母亲告诉他说："至于说到它的殊胜功德，将来外道异教徒与内道佛教徒要一比各自偶像的高下时，尽管各自都有互不顶礼对方偶像的誓约，但异教徒一见你的这尊依怙神像，就会身不由己地顶礼膜拜。若参拜这尊神像，进谒时令人忘乎一切，退下时使人不敢背向。"据说后来果真如此。

老三匝萨美的这尊依怙神像被称之为"天成摩诃菩提"（བྱང་ཆུབ་ཆེན་པོ་རང་བྱོན།），今存天竺金刚座；老大摩诃萨美的神像叫作"法轮"（ཆོས་ཀྱི་འཁོར་ལོ།），今存那烂陀寺；老二布萨美的神像叫作"金刚持"（རྡོ་རྗེ་ལུ་སིག），今存奥丹达布日寺。

婆罗门摩诃钦布老两口的这三个儿子，各造立了释迦牟尼的替身神像一尊，分别安立于金刚座、那烂陀寺和奥丹达布日寺。他们的这位老母亲去世后，尸骨竟全都化成了舍利子。

化身教化众生之第三章竟。

---

[1] 四威仪：佛与菩萨的行、坐、卧、住四种起居威仪。

第四章　布施摄持众生

世尊佛陀有道是：密宗事部三怙主，护佑赡部洲众生，一如悲悯孤哀子。

金刚部薄伽梵金刚手依怙主住于杨柳宫（ལྕང་ལོ་ཅན།）[1]，为南赡部洲西北方的阿修罗（ལྷ་མིན་མ།）[2]宣说善法；佛部薄伽梵文殊依怙主卜居圣地五台山，为南赡部洲东北方的荼吉尼（མཁའ་འགྲོ་མ།）[3]宣说密乘内道法；莲华部薄伽梵大悲观世音依怙主驻锡普陀山，系念利乐赡部洲东南方的诸有情；世尊薄伽梵释迦牟尼诞生于乌仗那班玛（ཨུ་རྒྱན་པདྨ།）[4]地方，后来在楞迦山大寒林（དུར་ཁྲོད་ལྗང་ག་ཚིགས་པའི་ཚལ་ཆེན།）为空行母等众神宣说密乘佛法。

大悲观世音菩萨为了益利北方雪域众生，他自赡部洲东南方的圣地普陀山，观见雪域众生依然自生自灭在地狱里，

---

[1] 杨柳宫：金刚手菩萨和多闻天子所居宫殿。
[2] 阿修罗：非人、空行之类，与天为敌且好斗。
[3] 荼吉尼：空行母，即证得殊胜成就的瑜伽行母。
[4] 乌仗那班玛：乌仗那即古印度西部因陀罗提（ཨིནྡྲ་བྷུ་ཏི།）王国名，今阿富汗。班玛，藏语所指望未详。相传释迦牟尼诞生地是迦毗罗卫国蓝比尼（亦译腊伐尼），即今尼泊尔南部波陀利耶村罗美德寺院所在地。

第四章 布施摄持众生

尚不胜法器。于是他化身为十一面千手千眼佛,将雪域吐蕃地底下一百由旬处的饿鬼域,及其再下一百由旬处铁箱般严实的无间地狱用光芒罩住,看上去其上好似华盖垂落,其下犹如莲湖荡漾,四周仿佛被迦遮邻底迦(ཀ་ཅ་ལིན་ད་ཀ)的绫罗缠绕。地狱里看到这番情景的有情,一个个奔走相告说:"啊!难兄难弟们,怎么一看见那位肤若君陀花,头上有顶髻,浑身饰珍宝的妙欲之者,一下子就感到爽快了呢?"他们说着长舒一口气便死而复生,转生为三十三天之神而永世不再下地狱了。

大悲观世音菩萨日日夜夜都在瞻念调伏雪域众生之事,他自普陀山遥望北方雪域,但见那里依然是如来从未驾临,佛光不曾照耀,善法尚未传入,到处茫茫黑暗一片,四野罕无人迹的莽原荒野,只有飞禽走兽在这里自恶趣复往恶趣,就像雨水落进大海,永无复返之望。

雪域吐蕃之地,其上部三界为雪山、岩山和片石山所环抱,这里出没着狮狼虎豹等各种食肉猛兽和鹿獐野羊等各种食草动物;中部三界为草山、石山和森林所环绕,这里生息着岩魔女、猿猴和熊黑等有情旁生之类;下部三界被草原、丛林和江河湖泊所围绕,这里栖息着大象、河马、海牛和各种飞禽。此地上、中、下三界罕无人迹,故观世音菩萨也就无所化机可言。

曾几何时,在罗刹之境楞伽城,十颈罗刹王与罗跋那天王为一美貌无比的仙女而失和。在这场争斗中,大力猴哈黎摩达(ཧ་ལུ་མ་ད 观世音弟子的化身)不知所从,便逃回到普陀山观世音的身边。观世音问他愿不愿去北方雪域的深山中修炼，大力猴欣然应诺。于是观世音便教之以离苦修行之术，授之以居士之戒，传之以深奥广博之法，并给他起名叫"猕猴菩提萨埵"（བྱང་ཆུབ་སེམས་དཔའ། 又名猕猴禅师 བྱང་སེམས།），随后就让他前往北方雪域的深山中去修行。猕猴禅师借其神通转眼间就来到雪域之地。他在群山叠嶂中觅得一岩洞，便住下来开始了修行。

忽然有一天，猕猴禅师正在坐禅时，一岩罗刹女装扮的雌猴来到他面前，一会儿扬土，一阵子露阴以求交配，就这样一连折腾了七天七夜。好在猕猴禅师能做离苦修行之法，才不致为之所动。到了第八天，岩罗刹女又变化成一个妖艳的妙龄女子，媚态百出地硬是要与他交欢。猕猴禅师心想"有缝必透风，造孽定招魔"，所以他拿定主意，依旧不理睬她。

这女子央求道："你就答应与我成婚吧！"

"我是大悲观世音菩萨的近事男，万万造次不得。"猕猴禅师拒绝道。

岩罗刹女化身的这女子又威胁道："你要是真的惹恼了我，我便一死了之，甘愿永远轮回于恶趣道！"猕猴禅师心想：要是与她成婚，就要败破戒规，若是不与她交媾，她就会自寻短见坠入恶趣道，这样不仅罪孽更大，还会坏了菩萨的德行。他眼睁睁地盯着这妖艳女子，整整瞅了一夜，也没想出个如何是好的办法来。思前想后不禁悲从中来，万般无奈之下，他想还是去请教请教观世音菩萨为好。于是他又腾云驾雾回到普陀山告白观世音菩萨道："弟子遵命前往雪域修行，不料有一岩罗刹女非要与我结为夫妻不可，以至尊之见，如何是好呢？"

观世音菩萨欣然俞允道:"既然如此,那就与她成婚好了!"当时至尊救度母也在场,她也说"善哉!善哉!"连连称许。观世音菩萨随即赐予他三样奖赏:一是五谷良种,二是加持宝藏开采,三是认其子嗣为佛之嫡系。

猕猴禅师唯恐那岩罗刹女等不住他而自寻短见,又借其神通,风风火火地赶回雪域岩洞与那岩罗刹女成了婚。

岩罗刹女怀胎十月后生下一子。这孩子长得既不像其父,也不像其母,脸面赤红,没长猴毛也没长猴尾,饿了吃生肉,渴了饮鲜血。孩子出生不久,有一天岩罗刹女饥不择食,竟然要吃掉这孩子充饥。猕猴禅师只好把他背到孔雀林(དགས་མ་བུ་ཚོགས་ཅན།)中,暂且让他与猴群一起生活。

转眼间好些年过去了,猕猴父又来到孔雀林想看看他的儿子怎么样了,岂料这孩子已与林中的雌猴群交生养下四百来个子女。这些后代既不像祖父,也不像父母,身上无毛无尾,不善攀缘采撷,终日食不果腹,一个个饿得苟延残喘,气息奄奄。看到这般情景,猕猴禅师顿生悲悯之心,他终日四处采集野果给儿孙们充饥,直把他这个当祖父的弄得浑身脱光了毛,手脚裂开了口,就连尾巴也被磨得像根干柴棍似的。他如此辛劳也只不过勉强维持了这群逆子的一息尚存,猕猴禅师禁不住黯然神伤。他痛定思痛,心想我何故要遭如此报应呢?这难道是成了婚的罪过?要么就是依了观世音菩萨的过错!我得去见他问个究竟。

猕猴禅师又回到普陀山向观世音菩萨施过礼后诉说道:"嗟乎,弟子我怎么就不曾明白家室是轮回的牢狱,女人是魔鬼的锁链,后代是生死的延续,交欢是剧毒的花束呢?我以慈悲为怀，竟误陷淫邪之潭，又遭苦难之山压顶；既中烦恼之毒，又受厄运之疫侵害。真是苦不堪言，雪上又加霜；身陷囹圄，作茧来自缚；鬼迷心窍，自投疑惑网。至尊啊，我与岩罗刹女成婚后生养下那许多不肖子孙，眼下他们食不果腹，正处在饥寒交迫的苦难之中。我身陷如此困境，又如何去抚养他们呢？我这是依了至尊您的旨意才落得如此下场的啊！既然他们今生已成饿鬼，来世注定要下地狱。祈请至尊大慈大悲救救我们吧！"

观世音菩萨说："你的子孙后代将分为父系和母系两大类。凡属父系的后裔，他们大都虔诚敬信，善良聪明，勤奋克忍，大智大勇。他们不为佛法空性奥义而畏怯，不为几许福德资粮而倨傲，也不为略俱善根而矜夸。他们平时手脚不闲，不是拣石子就是攀树枝；目不定睛，不是左顾就是右盼。但凡此属皆能行菩萨之道，弘佛陀之法，故谓'大智大勇菩提萨埵'之种。而属于母系的后代，大凡无信仰，不恭敬，少悲悯，寡才智，乏勤奋，难克忍，好贪婪，易暴怒，爱妒忌，妄自高，愚拙笨，悭施舍，啖生肉，饮鲜血，贪钱财，图谋利，爱起哄，遮己丑，喜人过，看人小，视己高，不行善，乐作祟，体壮实，心毒恶，人暴戾，难调伏。故名'食虱啖肉旃陀罗'（གདོལ་བ་ཤིག་ཟ་གཟན）之种。既然你祈请我拯救他们，我会让你如愿以偿，彼等终将会臣服于君王治下的。"

猕猴禅师哀叹道："至尊大悲观世音菩萨，眼下我拿什么养育他们呢？实在是苦不堪言啊！"

大悲观世音菩萨赐之以青稞、小麦、谷子、豌豆和小豆等五谷种子，并说："猕猴禅师，你的子子孙孙就以这五谷为食吧！"

猕猴禅师带着五谷种子临行之前，观世音菩萨手掬一捧金沙对他说："你的子孙后代将依靠黄金生存。在他们中间将会有超凡的菩萨相继如期而至。"说罢，观世音将手中的金沙撒向雪域吐蕃，以示对猕猴禅师与岩罗刹女婚配的褒奖。与此同时，观世音菩萨又为雪域吐蕃时时可在本土开采宝藏，常常能从域外招财进宝，屡屡将有超凡的菩萨纷至沓来而作了加持。

猕猴禅师返回后，他看好一处地处雪域腹地，地势平缓祥瑞，气候温暖适宜，花草果木茂盛，风光胜似摩揭陀的地方播撒下了五谷种子。

夏三月间，猕猴禅师和他的子孙们一起在孔雀林中暂且聊以度日。到了金秋时节，他便带着子孙们来到种植五谷的地方。望着这杏黄一片、五谷丰收的景象，他激动万分地对儿孙们说："吃吧，尽情地吃吧！这就是至尊大悲观世音赐给你们的五谷之食。"那四百子孙这下可乐坏了，他们觉得五谷比野果清香可口。他们数着穗子，那万万千千的穗子怎么也数不清，这地方由此而得名"雅隆[1]赤塘"（ཡར་ལུངས་ཁྲི་ཐང་།）；他们吃饱了，喝足了，不是腾跃忭舞，就是追逐玩耍，所以这地方又叫"雅隆泽当"（ཡར་ལུངས་རྩེད་དང་།），也叫"雅隆沃喀久塘"（ཡར་ལུངས་འོལ་ཁ་རྒྱུག་ཐང་།）。这个原先叫"雅隆索塘"（ཡར་

---

[1] 雅隆：西藏自治区山南市乃东区境雅拉香波河流域（ཡར་ལྷ་ཤམ་པོའི་ཆུ་རྒྱུད།）总名。雅隆一带是古代藏族的发祥地之一，是松赞干布以前吐蕃赞布的王室所在地。其地名由来，说赤塘意为"麦穗千千万万的田野"；说泽当意为"玩耍的地方"；说沃喀久塘意为"沃喀（山南市一地名）戏耍奔跑的地方"。

ཡུངས་ཙོ་ཐང་།)的地方，便是吐蕃先民最早的定居之地。

然而，好景不长，猴子猴孙之间因发生纠纷而失和，彼此争强斗胜互不相让，遂分化为四个部族。老祖父猕猴禅师对其子孙后代经过一番审视后，依据各部族其中某人的长相特征，分别命名了部族之名。

所谓"董氏部族"（ལྡོང་།）之名，是因为该部族中有一个"那董艾"（སྣ་ལྡོང་རི།意为塌鼻梁）的人，就把这个部族起名为"董氏"。该族号称有"十八大部落"。

所谓"东氏部族"（སྟོང་།），是因该部族中有一个"占夏东艾"（འགྲམ་ཤ་སྟོང་རི།意为瘪腮帮）的人，所以把这个部族起名为"东氏"。该部族号称有"四大八小部落"。

所谓"色氏部族"（སེ།），是因该部族中有一个"告色样艾"（མགོ་སེ་ཡང་རི།意为棕褐发）的人，该部族也就起名为"色氏"。该部族号称有"久黎柬九部落"（འཇུག་ལེ་བྱུན་དགུ།）。

所谓"穆氏部族"（སྨུ།），是因该部族中有一个"次哇穆告艾"（འཚལ་བ་སྨུག་མགོ་རི།意为紫嘴巴）的人，该部族也就起名为"穆氏"，该部族号称有"高黎差八部落"（ཀོ་ལིའི་འཕྲ་བརྒྱད།）。

董、东、色、穆四大部族为内族之四大土著部族，亦即雪域吐蕃最早的先民。

大悲观世音菩萨曾向大日如来等诸佛承诺，他一定要摄持雪域众生并让彼等成熟解脱，受持教化。如此说来，他的诺言已付诸实施。

大悲观世音菩萨布施摄持雪域众生之第四章竟。

第五章　氏族与王统史

有授记说,猕猴禅师的四百子嗣因争斗失和而分化为董、东、色、穆四大部族。祖父猕猴禅师座中为他们划分领地,四分天下为"卫藏四茹"(དབུས་གཙང་རུ་བཞི།)[1]:即卫地分为夭茹(གཡུ་རུ)、乌茹(དབུ་རུ),藏地分为也茹(གཡས་རུ)和运茹(གཡོན་རུ)。董氏部族辖夭茹,东氏部族辖也茹,色氏部族辖运茹,穆氏部族辖乌茹。至于其他分法,后世赞布另有其划分之法。除此而外,吐蕃域内还有无所归属的所谓"康布劣种七部族"(རུས་ངན་ཁམས་པོ་བདུན།):一是葛逻姜语部族(གར་ལོག་གྱངས་སྐད་ཅན།),二是给列人肉部族(གེ་ལེ་མི་ཤ་ཅན།),三是栗布狐裘部族(སོག་པོ་སྦྲེ་སློག་ཅན།),四是甲茂吉乔部族(རྒྱལ་མོ་གྱི་ཁྱོ་ཅན།),五是牢博赤目部族(སྣོ་བུ་དམར་མིག་ཅན།),六是道日青足部族(རྡོ་རུ་གར་སྟོན་ཅན།),七是蒙博共和部族(མོན་བུ་སྦྲི་འདུབ

---

[1] 卫藏四茹:古代吐蕃辖区划分为上、中、下三区,上区阿里,中区卫藏,下区青康。史载分法不一,据《贤者喜宴》所载划分为,夭茹(གཡོ་རུ)以乃东昌珠寺为中心,东至工布,南至错那,西至喀惹雪峰,北至马拉山脉一带地区;乌茹(དབུ་རུ)以拉萨小昭寺为中心,东至桑日县境倭卡秀巴本顿,南至玛拉山脉,西至休尼木,北至札朗玛古普;藏也茹(གཙང་གཡས་རུ)以南木林为中心,东至札朗玛古普,南至聂拉木,西至介玛拉古,北至黑河麦底卡一带;运茹(གཡོན་རུ་或་རུ་ལག)以哲地的杜瓦纳拉为中心,东至绛纳札,南与尼泊尔的朗纳接壤,西至拉更亚米,北至杰麻拉恩一带。

ཅན།)。另外，猕猴禅师与岩罗刹女的后裔中还出现了三位所谓"勇猛壮士"：一个叫"眼明"，一个叫"耳聪"，还有一个叫"手快"。

大悲观世音菩萨曾向至尊阿弥陀佛等诸佛发誓说，他终将要让雪域吐蕃众生相继成熟，获得解脱。然而雪域众生乃旁生之后，要想调伏，谈何容易！观世音菩萨明察到，这些众生绝非温文尔雅所能调伏，须依法而治方能教化。这就需要有能够主宰万民的权威，而至高无上的权威，非君王莫属。既然如此，他想，不妨自己就化身为吐蕃君王，亲自来教化雪域的芸芸众生。

说到君王，最早的君王应是初劫（བསྐལ་པ་དང་པོ།）[1]时的众敬王（རྗེ་མང་པོས་བཀུར།）[2]。有关众敬王的来历，兹述如下：

远在洪荒太古，情器世间初形成时的那一大劫叫作"妙乐劫"（བསྐལ་པ་མཛེས་པར་དགའ་བ།），亦即"初劫"。此后相继形成复又坏灭的大劫依次是"具贤劫"（བཟང་ལྡན།）、"见喜劫"（མཐོང་དགའ།）、"具乐劫"（དགའ་བ་དང་ལྡན་པ།）。继而又经过了一个"一无所有，空空如也"的漫长年代之后，凭借众生共同的业力、福分与诸佛及众菩萨的慈悲和发愿之力，渐次又形成了诸有情现在所处的这个"贤劫"（བསྐལ་པ་བཟང་པོ།）。

所谓"贤劫"的形成情形是这样：

在茫茫宇宙空间，先是形成了一个坚不可摧的巨大风轮，

---

[1] 初劫：劫为佛书所说漫长年代的量词。初劫指情器世间形成之初的年代，亦称妙乐劫、圆满劫。此劫中人皆自行防护四根本罪，全不违反，人寿万年，以食地味及稻米等不耕自长之食为生。

[2] 众敬王：传说古印度最早出现的君主，因受众人拥戴故名，亦指人类社会最早出现的国王。

第五章　氏族与王统史

在风轮之上又形成了一个由各种物质聚集而成的云层，云层中降下大象阳具般的滂沱大雨，形成了一个蓝灰色的巨大水轮，水轮在疾风劲吹下形成了奶皮般金黄色的土轮（大地）；土轮之上飘着宝云，宝云降下宝雨又汇成宝海；在疾风鼓荡之下，宝海中渐渐又形成了须弥山和围绕在它四周的七重金山、七游戏海、铁轮围山和外海以及四大八小洲。

与此同时，又陆续出现了"四大色法之王"（བེམ་པོའི་རྒྱལ་པོ་ཆེན་པོ་བཞི།），即山王须弥山、石王阿尔瑁丽伽（ཨར་མོ་ལི་ཀ།——一种宝石）、木王如意宝树和海王玛旁雍错。继而又出现了"四种心法之王"（རིག་པ་ཅན་གྱི་རྒྱལ་པོ་བཞི།），即飞禽之王鲲鹏、百兽之王雄狮、旁生之王大象以及殊胜成就人类之王众敬王。人类之王又分世袭之王、封授之王、佛法之王和突现之王四种。其中世袭之王和佛法之王同宗，而封授之王和突现之王也与上述二王系同一传承。

很久以前，光音天界（འོད་གསལ།）[1]有两位名叫"具力"（མེད་ཅན།）和"力友"（མེད་ལ་གྲོགས།）的天神之子，他俩当自己天神的寿数和福德行将毕竟时，因错乱了天地之分而误入凡尘俗世，从赡部洲的两个花蕾中化生而出，长得似人非人，似神非神。他俩刚开始吃的是段食、触食、思食和识食等"四食"（ཟས་བཞི།）[2]。稻米等五谷是后来才有的。

那时的人们寿命很长，男女既无生殖器官之分，也无交

---

[1] 光音天界：二禅天之上层。生于此中诸天，所发光明照耀其他天处，故名光音，亦称极光净。
[2] 四食：段食、触食、思食和识食。为维持今生生命而有段食；为长养能依心识而有触食；为引来未来寿命而有思食；为成就未来寿命而有识食。

媾淫欲之行，目目相视即可生儿育女。人们无须劳作，以大地出产的地醍醐（སའི་བཅུད།）为食。那时的人没有各自的姓名，后因人口日众，故名"众生"。

光音天天子具力目视力友，力友便生下一子叫"大天力子"（ལྷ་ཆེན་ཞེད་བུ།）。大天力子以白酥油（མར་དཀར།）状的地醍醐为食，身上发光，享年一小劫。当他身上的光芒渐渐消失之后便进入一黑暗劫。大天力子的子嗣相继为大天当贤（ལྷ་ཆེན་དུང་ཕྱམས།）、大天日迪贤（ལྷ་ཆེན་དུ་བྱེ་ཕྱམས།）、大天库巴当迥（ལྷ་ཆེན་འབོར་བ་དུང་སྐྱོང་།）。他们以牙皂花（དོང་ཀ།）状的地醍醐为食，身体都能发光，黑暗劫复得光明，住一小劫。当这一小劫完毕，他们各自身上的光芒渐渐消失，随之又进入一黑暗劫。嗣后大天库巴当迥的后裔相继为大天近吉祥（ལྷ་ཆེན་ཉེ་བའི་བཀྲ་ཤིས།）、大天吉祥德光（ལྷ་ཆེན་བཀྲ་ཤིས་འོད་དཔལ།）、大天华威（ལྷ་ཆེན་གཟི་བྱིན།）、大天王胜（ལྷ་ཆེན་རྒྱལ་བ།）和大天乐胜（ལྷ་ཆེན་བདེ་རྒྱལ་བ།）。他们以蘑菇状的地醍醐为食，自身也能发光，黑暗劫重现光明，住一小劫。这时候的人相互拥抱才能怀孕生育。当这一小劫行将结束时，他们身上的光芒也已殆尽，随之而来的又是一黑暗劫。到了大天乐胜的后嗣大天持明炬（ལྷ་ཆེན་སྣང་བ་མཉེན་ཤེལ་འཛིན།）的时候，天空中出现了太阳和月亮。凭借日月之力，大地上生长出一种晨收夜长，夜刈晨生，穗子金灿灿、味道香喷喷、好处说不尽的稻谷。人们吃了这种食物以后，便开始有了男女性别（生殖器官）之分。

不久以后，有些人开始把自己本应次日收割的一份稻田连夜就抢收了。后来这样的人越来越多，人们都争先恐后地抢收稻谷，据为己有，随之便出现了占有现象。而身残体弱者也就自然而然地丧失了本该属于他们的那一份稻谷。

看到这种情形,仪表非凡、为人正直的大天持明炬便出面一视同仁地给大家公平分配稻米。这样一来,他自己应得的那一份也被分光了,于是人们又每人拿出一淘箩稻米集中起来送给他。他由此而取信于民,人称"淘聚王"(ཧོ་རེ་བསྡུས་པའི་རྒྱལ་པོ)。因为很多人都向他敬奉稻米并拥他为王,所以他又叫"众敬王"。从那时起,男女之间出现了性欲和交媾行为,随之也就开始有了遮羞避嫌的房屋宅舍。天上日月的出现,人间男女的交欢,都是从众敬王那时开始的。

众敬王是最早的国王,其后嗣相继为美光王、净善王、殊善王、长净圣王(亦名多罗根王),长净圣王自颅顶生出一子名叫顶生王。以上六王即所谓"初劫六王"。

顶生王的后嗣相继为华美王、近华美王、具光美王、妙贤王和普光王。自普光王又传八万四千代,皆出自普陀洛伽城(གུ་འཛིན);其后(译注:"其后"指上一世系传承中的最末一位国王,下同)伏敌王又传五万四千代,皆出自兵无侵城(དམག་གིས་མི་ཚུགས་པ);其后兵胜王又传三万六千代,皆出自鹿野苑城(བ་ར་ཎ་སི);其后能忍王又传八万四千代,皆出自格玛巴拉城(ཀེ་མ་པ་ལ);其后象佑王又传三万五千代,皆出自安石城(གྲོང་ཁྱེར་རྡོ་འཛིན);其后子男王又传三万二千代,皆出自日宫城(ཉི་ཅན);其后暑伏王又传五万二千代,皆出自兵胜城(དམག་ལས་རྒྱལ་བ);其后赐胜王又传三万七千代,皆出自嘎厦格尔城(གྲོང་ཁྱེར་ཀ་བྱུ);其后杰布德王又传三万二千代,皆出自赞巴拉城(གྲོང་ཁྱེར་ཙམ་པ་ལ);其后龙天王又传二万五千代,皆出自多罗树蔓城(གྲོང་ཁྱེར་ཏ་ལའི་ཕྲེང

དག）；其后人天王又传二千代，皆出自达玛勒城（གྲོང་ཁྱེར་ད་མ་ལེ）；其后海天王又传一万八千代，复出自鹿野苑城；其后智贤王又传二万五千代，皆出自王舍城（རྒྱལ་པོའི་ཁབ）；其后除暗王又传一百代，复出自鹿野苑城；其后大自在天部王又传八万四千代，皆出自乍坚城（གྲོང་ཁྱེར་རྩ་ཅན）；其后大海部王又传一千代，复出自普陀洛伽城；其后苦行王又传八万四千代，复出自乍坚城；其后土面王又传十万代，复出自鹿野苑城；其后地祇王又传十万代，复出于兵无侵城；其后持地王又传八万四千代，皆出自穆勒城（གྲོང་ཁྱེར་མེ་ལེ）；其后大天王又传八万四千代，复出自穆勒城并奉行梵行；其后縠辋王又传四万零六百代，皆出自光显城（གྲོང་ཁྱེར་སྣང་འོད་ཅན）；其后坚车王又传七万七千代，皆出自普现城（གྲོང་ཁྱེར་ཀུན་ཏུ་སྣང་བ）。

其后是讫栗枳王（རྒྱལ་པོ་གྲི་གི），此王与伽叶佛同时代，他的王子叫妙生王。妙生王又传百代，皆出自普陀洛伽城；其后是大耳日光王（ཉི་འོད་ཀྱི་རྒྱལ་པོ་རྣ་བ་ཅན），他有两个王子，一个叫巴惹达乍（བ་ར་དྲ་ཛ），另一个就是乔答摩（གོཽ་ཏ་མ）[1]。乔答摩后来被他的亲教师黑色仙人剃度出家，他和黑色仙人一样能忍受只靠饮水度日的苦行。巴惹达乍不堪忍受苦行，继位当了国王。

曾几何时，乔答摩征得亲教师黑色仙人的允许，在普陀洛伽城与吉蒂城（སྐྱེས་ཏེའི་གྲོང་ཁྱེར）之间的某个地方搭了一座茅草庵专事静修。

当时普陀洛伽城中有一个名叫妙步（འགྲོ་བཟང）的娼妇，

---

[1] 乔答摩：意为最胜。古印度一氏族名，释迦牟尼即出于该族，故佛书有时也称释迦牟尼俗名为乔答摩。

她经常被吉蒂城里的一个名叫莲枝（པདྨའི་རྩ་ལག）的狡诈之徒以衣饰等物勾引欢会。有一次莲枝邀请妙步去他那里，但没约定会面的时间。妙步这时又收受了商人阿日勒（ཨ་རི་བོ）的五百银币（གཉ་པ་བོ），就先去与他幽会。妙步的女儿卓娇桑姆（གྲོགས་སྐྱེད་བཟང་མོ）此时也登门来找阿日勒，向他讨要自己卖春的银子，正巧窥见妙步与阿日勒同枕合欢。于是她就愤然跑去向奸夫莲枝告了密，说她母亲正和商人阿日勒寻欢作乐呢！莲枝闻说顿时大怒，一气之下就去砍了娼妇妙步的脑袋，卓娇桑姆被吓得大哭大叫起来。普陀洛伽城里的许多人闻讯赶来，莲枝急忙把凶器扔到正在静修的乔答摩身边后遁逃而去。这时商人阿日勒乘机杀了妙步的女儿，把凶器也扔在乔答摩的身旁后逃之夭夭。

当人们追赶到茅草庵时，在乔答摩身边发现了两把带血的利剑。大家纷纷怒斥他身为沙门，竟敢淫人妻女，杀人母女！随即不容分说就将乔答摩押解到他胞兄巴惹达乍国王的座前，说他犯下了弥天大罪，请求严厉惩办。国王巴惹达乍不问青红皂白，就下令对其胞弟施以弗戈（གསལ་ཤིང）[1]之刑。

就在乔答摩受此酷刑之际，黑色仙人闻讯赶来。他问乔答摩道："这事果真是你干的吗？"

乔答摩气息奄奄地说："或许这是前世的造孽，但绝非我之所为，倘若不信，我可拿出证据。"

"何以为证？"黑色仙人又问。

"为了证实我清白无辜，如果我的咒语和证据真实无妄，

---

[1] 弗戈：古代一种用木制矛戈自肛门至颅顶贯穿人体的酷刑。

就让我亲教师的肤色由黑变黄为证吧！"乔答摩念完咒语后，黑色仙人的肤色即刻变成了金黄色。黑色仙人因此也叫"金色仙人"。

乔答摩临终时问黑色仙人道："弟子死后将转生为何物？"

"你乃无障离垢，仍将转生为人！你此刻若尚存一息性欲即可转生，但不知可有乎？"黑色仙人说。

乔答摩痛苦万分地说："我平白无故遭胞兄迫害，此刻疼痛欲绝，何谈情欲后嗣！"

这时黑色仙人呼风唤雨，让和风细雨吹拂沐浴在乔答摩身上，使他暂时摆脱痛苦的折磨。接着黑色仙人又将那两柄血剑拿来放在乔答摩的下身处说道："你若无后，便无佛陀。你须即刻忆念起前世的情欲！"

乔答摩在刑具上竭力忆念前世的情欲，终于使精液从下身滴出，落在了那两柄血剑上。黑色仙人遂将这两柄血剑拿去掩藏在一块甘蔗田的叶片下。

当黑色仙人回头把乔答摩从弗戈刑具上解下来时，他已气绝身亡。仙人将巴惹达乍国王以及大耳日光王家族的成员召集到一起，并请来了四大天王。他义正词严地当众宣称："既然妙步母女非乔答摩所杀，那么究竟谁是真凶，就让业力给予他们应得的报应吧！"

这时四大天王在空中赞曰："乔答摩啊，你是真正的英雄豪杰，你仪表非凡，超凡绝伦，具足百种福德。你能使天神笑颜常开，让众生好运常来，你将转生为万世永存的转轮法王！"接着，四大天王对地界的凡人们念咒道："看剑！谁是真凶，即刻受死吧！"随即将两柄血剑抛向空中。血剑顿时化作霹雳，顷刻间奸夫莲枝和商人阿日勒被巨雷轰顶，一命呜呼了。与此同时，乔答摩也往趋三十三天兜率天转生为总领三身诸佛之根本佛。由此可见，四大天王也的确执法如山。

没过多久，血剑上的精血在和煦的阳光照射下化出二卵，两个男婴从卵中破壳而出。这两个男婴一出壳就能走路，会说话，吃的是甘蔗茎，喝的是甘蔗汁，穿的是甘蔗叶，所以人称"甘蔗族王子"。虽说他俩同是在日光的照射下破卵出世的，但各有各的名字：从母亲妙步的淤血中化出，先会走路说话的是哥哥，名叫"日种"；而从女儿卓娇桑姆的淤血中化出，后会走路说话的是弟弟，名叫"甘蔗种"。

乔答摩的这两个遗子，哥哥叫日种，又名比丘施罗（དགེ་སློང་ཤི་ལ། 比丘戒），他因出家为僧而后继无嗣。弟弟叫甘蔗种，甘蔗族皆出于他。该族人因其祖先是从甘蔗地里出生的，故称"甘蔗族"（བུ་རམ་ཤིང་པ།）；又因为他们是乔答摩的后裔，也称"乔答摩族"；此外，他俩因系日光煦化所出，又叫"大日族"（ཉི་མའི་རིགས།），又因是由黑色仙人亲手抚育成人，故也叫"手生族"（ལག་སྐྱེས།）。

甘蔗种王的王后生了三个王子后不幸去世了。国王为了摆脱丧偶之苦，便又选了一位美貌女子欲续弦为后，可是这女子的父亲却提出，要是我的女儿生了儿子，他肯定想当国王，到时应让他来继承王位。国王无奈，只好答应了，那女子这才嫁给了他。

这位王后共生了三女一子，儿子取名叫"乐政"。自打有了乐政，国王不得不下令将已故王后所生的三位王子逐出王宫，同时把续弦王后所生的三位公主也当作三位王子的仆人一并逐放。同父异母的兄弟姊妹六人就这样被一起流放到迦毗罗卫。

时隔不久,续弦的王后又死了,国王这才宣召三位王子回宫,说:"母后已故,命三位王子速归。"三位王子听到父王的诏命后置若罔闻,他们与同父异母的三姊妹结伴而行,前往离雪山不远的恒河畔,在迦毗罗仙人的住地附近,搭起茅屋住了下来,靠狩猎维持生计。

有一天,兄弟姊妹几个到迦毗罗仙人那儿去请教善恶业报之事,仙人劝诫他们从今往后莫作非梵净之事,不要狩猎杀生……他们一一答应了。

过了一段时间,迦毗罗仙人看到他们一个个都面黄肌瘦的,便问这是怎么回事。回答说这是因春情萌发,欲火难耐所致。仙人说:"既然你们几个是同父异母的兄弟姊妹,不妨按年龄大小相配成偶。"兄弟姊妹几个便成双成对结为夫妻。

三对夫妻生了三儿三女,日子过得挺热乎的,倒也其乐融融。这事后来传到了国王耳中,他为之大惑不解,就问臣下道:"我的三位王子早被流放远逐,又有谁肯把女儿嫁给他们呢?"臣下回禀说:"他们是自家兄妹结成夫妻生儿育女的。"国王闻言,这才恍然大悟,深感羞愧不已。

再说那三位王子的儿女们,一个个刚一出生,就手指着天空,嘴巴里大声地发出"释迦、释迦"(ཤཱཀྱ)的声音。"释迦族"的名称由此而得。三位王子中老大的家族叫"释迦钦布"(ཤཱཀྱ་ཆེན་པོ། 大释迦),老二的家族叫"释迦离遮毗"(ཤཱཀྱ་ལི་ཙྪ་བྱི། 贤能释迦),老三的家族叫"释迦日遮巴"(ཤཱཀྱ་རི་བྲག་པ། 山居释迦)。

释迦钦布家族的世系传承次第为：释迦能忍王（དགའ་བྱུང་ཅན་）、释迦安居王（གནས་འཛིག）、释迦土居王（ས་བྱིན།）、释迦殊胜王（འཕགས་པ་མཆོག）。其后裔数以五万五千之众，皆出自迦毗罗皤窣都。其后为十车王（ཤིང་རྟ་བཅུ་པ་）、十一车王（ཤིང་རྟ་བཅུ་གཅིག་པ་）、札巴车王（ཤིང་རྟ་བགྲ་པ་）、札巴坚车王（ཤིང་རྟ་གྲགས་ཅན་）、阳丹王（གཞུང་བཟེད）、狮子吼王（སེངྒེ་སྒྲ）和狮子近王（སེངྒེ་འགྲམ།）。狮子近王有四个王子，即净饭王（ཟས་གཙང་།）、白饭王（ཟས་དཀར།）、甘露饭王（བདུད་རྩི་ཟས）和斛饭王（བྲེ་བོ་ཟས།）。净饭王有三子，长子胜解王子（མོས་པ།），次子悉达多王子（དོན་གྲུབ།），三子阿难王子（གཉུང་དགའ་བོ་ 释迦牟尼从弟）。据说悉达多之子罗怙罗（སྒྲ་གཅན་འཛིན།）从父出家为僧，故悉达多后继乏嗣。

释迦离遮毗家族子嗣甚众，其中有号称金、银、铜、铁的四大转轮王。影胜王（གཟུགས་ཅན་སྙིང་པོ་ 频婆娑罗王）、波斯匿王（རྒྱལ་པོ་གསལ་རྒྱལ། 胜光王）等圣明君王皆出自该族。

释迦山居族的世系传承次第为：出自莲华城（སྐྱེད་བྱེད་པད་ཅན་）的大莲王（པདྨ་ཆེན་པོ་）、无边王（མུ་ཁྱུད་མཐའ་ཡས།）、猛光王（གདུམ་པོ་མཐའ་ཡས།）和出自拜萨拉城（བད་ས་ལ）的能现王（རྒྱལ་པོ་འཆར་བྱེད）、夏尔巴王（ཤར་པ།）。夏尔巴王有两个王子，一个叫嘉桑（སྐྱབས་སེང་།），另一个叫百军（དམག་བརྒྱ་པ།）。

嘉桑与百军两位王子后来为争夺王位而失和，结果嘉桑获胜继位。百军对自己失败的原因百思而不得其解，于是就去求卦问卜。卦师预言道："殿下将喜得一非同寻常的贵子，他将被天神用天绳（ཐག་པ།）[1]拉上十三重天。到适当的时候，他将顺着天绳重返人间，降凡到雪域吐蕃的朗日山谷（རི་གྲུང་རྫི་ཞལ།），主宰雪域吐蕃的众生直到寿终正寝。"

百军王子的夫人殊妙果然生下一褐发碧眉、螺齿鸭掌、眼皮上阖的儿子。因卦师预言他将自天界降凡朗日山谷，所以人们也称他"日瓦吉"（རུ་བ་སྐྱེས།）。百军殿下得知生下这么个长相稀奇古怪的逆子，觉得很不吉利，就命仆从杀了他。仆从不忍心用利刃结束他的性命，便把他装入一铜匣扔进了恒河。这只铜匣顺流而下，漂到广严城岸边的一个水渠口时，被一个叫"五能仁"（ལྔ་ཐུབ་ཅན།）的农夫打捞出来。当时这孩子大难不死，一息尚存，农夫没敢带他回家，悄悄把他匿藏在了密林深处的一个地方。农夫精心地照看着他，一时间森林里的百鸟齐来哺食，百兽都来送肉，就连树枝也为他遮挡炎炎烈日。

这孩子就这样一天天长大成人了。有一天，他向农夫询问自己的身世道："我的福气这么大，那我的家乡在哪里？我的父母是何人？"农夫这才详细地向他讲述了他是如何被装进铜匣弃入恒河的原委。

王子闻言大为惊恐，他不辞而别，独自逃进了深山。他来到绛妥神山（ལྷ་རི་གྱང་མཐོ།）[2]后，又朝着雪域的方向继续北上。当他登上尧尔布神山（ལྷ་རི་ཡོར་པོ།）的峰顶时，忽然，天

---

[1] 天绳：西藏神话传说自聂赤赞布始，"天赤七王"临终时皆由天绳攀升天界。自直贡赞布在决斗中天绳被斩，中箭身亡后，历代赞布才开始下葬凡间。

[2] 绛妥神山：山南市乃东区境内一著名神山。此山名亦见于《唐蕃舅甥会盟碑》和《敦煌古藏文历史文书》。

神从空中降下天梯并用一根天绳系在他的顶髻上，将他牵引到十三重天兜率天界去了。从此以后，王子日瓦吉被称作"天父世间怙主福天主公"（ལྷ་གཅིག་གནམ་གྱི་ཡབ་ལྷ་བྱེད་པ་མགོན་བཙུན་ཕྱུག།下文简称"斯巴恰拉"）。

斯巴恰拉在兜率天界与天神日德日（རི་ཏེ་རི།）的四位仙女先后生了四个天子。玉面鹿仙女所生之子叫"燃颈螺"，金面鹿仙女所生之子叫"络腮螺"，人面鹿仙女所生之子叫"白天子"，螺面鹿仙女所生之子叫"摩诃南天"。这几位天子既不宜入天神之列，又不堪当凡人之君，故燃颈螺后来去了冈底斯神山和玛旁雍错圣湖一带，络腮螺去了"芒"和"凝"之地（དམངས་དང་གཉན་གྱི་ས།），白天子则去了斯巴恰之地（སྲིད་པ་ཕྱིའི་ཡུལ།），只有摩诃南天仍留居天界。摩诃南天的子嗣次弟为：摩诃贡天、摩诃镇天、摩诃恰天、摩诃达天、摩诃特天、摩诃雄天、摩诃猛天、摩诃驰天和达坚阿奥。达坚阿奥与才萨郄琼仙女生了三个儿子，长子叫吉亚拉达宙，次子叫甘夏拉詹钦，三子叫贾拉仲南，四子叫沃代贡杰（འོ་དེ་གུང་རྒྱལ།）。讫此，天竺百军王之子日瓦吉斯巴恰拉，已是兜率天界的"九代天子"和"四辈神孙"的老祖宗了。

有一天，日瓦吉斯巴恰拉异想天开地祈愿想得到一样如意天神之宝。长寿圣智天（ཚེ་རིང་པ་ཡེ་ཤེས་ལྷ།）自天界俯瞰人间刹土，但见雪域吐蕃"九洲"（སྐྱེད་དགུ།）之地，冰峰雪岭仿佛水晶宝塔，冷暖适中，气候宜人，更何况那里又是三怙主化身的调伏之境，尤其是大悲观世音菩萨的教化之界。长寿圣智天心想，若是让斯巴恰拉去那里当猕猴禅师与岩罗刹女的吐蕃四大部族后裔的君主，想必他会如意的。斯巴恰拉的头顶上本来就有天绳，长寿圣智天拽着他顶髻上的天绳将他徐徐放下。斯巴恰拉就这样顺着天绳降临到了尧布神山。

这时，恰巧在尧布神山的石山与草地交界处，赛苯布（ སེ་བོན་པོ། ）、莫苯布（ སྨུ་བོན་པོ། ）、当苯布（ དོང་བོན་པོ། ）、奥卜苯布（ འོབ་བོན་པོ། ）、甘拉苯布（ སྐལ་ལ་བོན་པོ། ）、兆苯布（ འཇོ་བོན་པོ། ）、琼苯布（ ཁྱུང་བོན་པོ། ）、悉苯布（ ཤེ་བོན་པོ། ）、宁苯布（ གཉེན་བོན་པོ། ）、杰苯布（ འཇང་བོན་པོ། ）和觉拉苯布（ ཅོག་ལ་བོན་པོ། ）等十二苯布的先知大德们正在祭祀天神。

当斯巴恰拉走到其中四位苯布大德的跟前时，他们问斯巴恰拉道："阁下何许人也？从何而来？"

他回答说："我曾被天神用天绳牵引到十三重天界，并得名怙主斯巴恰拉。我在天界与天神日德日的四位仙女成婚，生养了一脉相承的'九代天子'，其中最末一代天子达坚阿奥娶才萨郄琼仙女，又繁衍下'四辈神孙'。我便是这些天子神孙的老祖宗。后来我向天神祈求如意神宝，天神瞻望世间刹土，观见雪域吐蕃乃大悲观世音菩萨所化之殊胜方域，于是天神拽着我顶髻上的天绳让我降凡到了此地。"他说着用手指了指天空，大家顺势望去，只见他头顶上，若隐若现地悬垂着一束亮闪闪的天绳。

在场的苯布大德们商议道："此人从天而降，奇异非常，乃神之赞布，应将他炫示给众乡亲们。"于是，就用担架把他抬回了部落，并向乡亲们夸耀道："快来看！我们苯布今天祭天时遇到这位尊者，他从天而降，乃天界之神！"部落乡亲们说："这位天神奇异殊胜，既然他是被你们用肩膀抬来的，就叫他'神圣聂赤赞布'，让我们大家奉他为王吧！"从此以后，人们就称他聂赤赞布（གནའ་ཁྲི་བཙན་པོ་）[1]。因为他下凡时似飞鸟落地，所以也叫他"遐赤赞布"（བྱ་ཁྲི་བཙན་པོ་ 鸟座王）。吐蕃最早的首领或言君王者就是这位"杰聂夏仲赤赞布"（རྗེ་གཉའ་ཞམས་བྲང་ཁྲི་བཙན་པོ་）。

昔自众敬王至多罗足王之前，四大部洲尚不曾有主宰一切的"君主"之位。众敬王是初劫时最早的君王，而多罗足王之子顶生王（སྤྱི་བོ་སྐྱེས་），又名我乳王（ང་ལས་ནུ་）或称声誉无量王（གྲགས་པ་མཐའ་ཡས་），他独自主宰四大部洲之其一、其二、其三、其四诸洲，其权势炽盛，足可与三十三天兜率天界的帝释天王分庭抗礼。欲知究竟，详见《宝积经》（དཀོན་པ་བརྩེགས་པ་）中的《父子合集经》（ཡབ་སྲས་མཇལ་བའི་མདོ་）一段。另据说，四大部洲四、三、二、一诸洲之首领分别次第为金、银、铜、铁四大转轮王。

其后经过二十万又九十万再九万九千三百七十七代，跋罗堕阇王及乔答摩出世。百代之后释迦族出现，复又经过五万五千零十四代之后，佛陀薄伽梵释迦牟尼降世。释迦牟尼之子罗睺罗尊者因（出家）无后而乏嗣。

概而言之，上自众敬王，下迄罗睺罗王子，君王承袭历经一百二十五万代，其后复又四百九十四代，及至佛陀是为九十五代。如此云云，皆出自《方广大庄严经》（རྒྱ་ཆེར་རོལ་བའི་མདོ་）和续部经典以及遗训秘籍，亦可见之于声闻部经籍

---

[1] 聂赤赞布：又称杰聂夏仲赤赞布（本书）、赤赞鹘提（《青史》）。因其"自天而降，被肩舆而归"，故名聂赤赞布（意为肩舆王或颈舆王）；又因其"飞鸟般下凡"，又名遐赤赞布（鸟座王）。该王是吐蕃天赤七王之首。有关这位吐蕃最早的赞布的神话传说颇多，但无从考据。本书对他的记述较为详细。

(ཞན་ཐོས་ཀྱི་ལུང་།)。

以上所述，在向巴切寺（བྱང་དཔལ་ཆད་ལྷ་ཁང་།）有壁画和文字记载可见。在该寺的壁画和文字记载中还详尽地描绘记述了有关聂赤赞布的王统世系，即天赤七王（གནམ་གྱི་ཁྲི་བདུན།）、上丁二王（སྟེང་ས་གཉིས།）、水德八王（ཆུ་ལ་སྡེ་བརྒྱད།）、土勒六王（ས་ལ་ལེགས་དྲུག）以及中赞五王（བར་གྱི་བཙན་ལྔ།）等是如何传承的情形。聂赤赞布后来在雅隆赞塘阁希（ཡར་ཀླུང་བཙན་ཐང་སྒོ་བཞི།）[1]建造了一座宫殿。这座宫殿不是用土石构筑的，而是用鹿、兕、虎、豹的皮张做成的帐篷式宫殿。所谓"天赤七王"[2]（他们父子相传），次第为聂赤赞布、穆赤赞布（མུ་ཁྲི་བཙན་པོ།）、拉赤赞布（ལྷ་ཁྲི་བཙན་པོ།）、当赤赞布（དེང་ཁྲི་བཙན་པོ།）、傲赤赞布（ངོས་ཁྲི་བཙན་པོ།）、贝赤赞布（ལེ་ཁྲི་བཙན་པོ།）和贡赤赞布（གུང་ཁྲི་བཙན་པོ།）。这七位君王每人头顶上都有一束叫作"天绳"的白色光芒，他们寿终升天时，便足下生辉，腾空而去，没有尸骨遗留下来。传说天赤七王的陵墓都在天界。

贡赤赞布的王子叫直贡赞布（གྲི་གུང་བཙན་པོ།）[3]。本来他头

---

[1] 雅隆赞塘阁希：山南泽当附近一寺名。吐蕃第一代赞布聂赤赞布在此建造宫殿，召集部落首领聚议。

[2] 天赤七王（天座七王）：吐蕃最早的七代赞布，因彼等寿终时均可借天绳升天，故名。藏文史籍与本书所载天赤七王的名称与排序略有不同，传说除聂赤赞布外，其他六位赞布均依母姓而得名。

[3] 直贡赞布：吐蕃第八代赞布。藏文史籍说他是思赤赞布（སྲིབ་ཁྲི་བཙན་པོ།）之子，在一次决斗中死于大臣罗昂（ལོ་ངམ།）之手。按本书所记，则应是贡赤赞布（གུང་ཁྲི་བཙན་པོ།）之子，决斗中被部将玛桑（མ་སངས།）射死（罗昂是玛桑的部下）。传说直贡赞布挥舞宝剑驰入决斗场时，不经意间斩断了悬在自己头顶上的"天绳"，故死后未能升天。从此开始，吐蕃历代赞布均在凡间下葬。他是"上丁二王"之"父丁之王"，其遗腹子布德贡杰（སྤུ་དེ་གོང་རྒྱལ།），又名仲戈日里吉（འབྲོང་གི་ར་ལག་སྐྱེས།），即"子丁之王"。

顶上也有一束叫作"天绳"的白光,当他去世时,照样可以凭借天绳乘着光芒升天而不留下遗体,然而他却死于非命。

传说直贡赞布有三个王子和一个遗腹子。这三个王子一个叫哈赤（ཧ་ཁྲི），一个叫涅赤（ཉ་ཁྲི），还有一个叫夏赤（ཤ་ཁྲི）。兄弟几个后来为继承王位而失和,遂被父王下令逐放。长子哈赤被驱逐到工布（ཀོང་པོ）,次子涅赤被放逐到康区（ཁམས་ཀྱི་ཡུལ）,老三夏赤被流放到后藏一带（གཙང་གི་ཡུལ）。直贡赞布把三位王子逐放后,又纳康区首领（ཁམས་ཀྱི་རྒྱལ་པོ）的公主为后,而把三位王子的母后贬为王室的马倌。

此后不久,直贡赞布率兵出征迦湿弥罗国（ཁ་ཆེ）大获全胜。归途中直贡赞布与部将玛桑（མ་སངས）及其仆从罗昂（ལོ་ངམ）等一起比赛箭术。比赛中直贡赞布一箭射中靶心,利箭射穿了石靶。部将玛桑虽说也是一箭中的,只不过是箭镞勉强射进了石靶。迦湿弥罗的战俘们也在一旁议论说,君臣引弓发矢,主仆一比高下,真是稀奇……当人们走到石靶跟前察看时,一支箭贯石没翎,另一支箭摇摇欲坠。大臣们说贯石没翎的箭是赞布陛下射的,摇摇欲坠的箭是部将玛桑射的。玛桑的部下罗昂却硬说贯石没翎的箭是玛桑射的,摇摇欲坠的箭才是赞布射的。就在大臣与罗昂争辩不清时,赞布陛下与部将玛桑也在为此争执不下。这时,不知是谁谗言说："让陛下给玛桑点颜色瞧瞧！"玛桑听到这话后顿生恶念,心里暗自忖度：赞布若是果真要降罪于我,我倒要看看他死后究竟有没有尸首留下。

班师回朝后,玛桑一心想加害赞布,他心想要是能斩断赞布头顶上的天绳,那么他死后定会留下尸首。于是玛桑设下谋害赞布的计策，向部下罗昂面授机宜并派他去晋见赞布。罗昂见到赞布后照着玛桑说的启奏赞布道："陛下若是果真想与我玛桑一比箭术高下，就请陛下骑上红水牛，驮上黑木炭，额前戴上海螺环和白银镜，挥剑来与我比武。"

赞布当时正在后妃宫中，他听到这话后，心里虽有点发怵，但还是照罗昂传的话做了准备。

当赞布挥舞着宝剑驰入赛场时，岂料已将自己头顶上的天绳斩断。这天绳一断，便乱了鬼神，鬼神一乱，四下里顿时鬼哭狼嚎一片。哭嚎声惊了坐骑，坐骑受惊又弄破了装满木炭的皮口袋，霎时间黑灰弥漫成一团。这时，玛桑乘机开弓瞄准赞布额前明光闪亮的海螺环和白银镜，射出了罪恶的一箭。从此以后，赞布的遗体便留在了人间。

直贡赞布死时，他的正宫嫡妻正怀着身孕，人们说这也是他弃子嫡妻，另求新欢的报应。有天晚上，被贬为马倌的王后睡在马厩里，正为不幸蒙难的亡夫哀伤之际，朦胧中梦见一个骑着白马、身着白衣的男子来到身边，并与她同枕合欢……

八个月后，她生下了一个五官端正但四肢不全，好像身上只长了个小脑瓜似的婴儿。母亲把他放在野牛角里用牛奶喂养，他因此得名"仲戈日里吉"（འབྲོང་གི་རུ་ལས་སྐྱེས། 兕角生）。过了一段时间，这孩子的手脚四肢渐渐发育，阳具也显露了出来。母亲又把他放在自己的兽皮毛靴子里喂养，孩子日见长大，而且越长越发可爱。他的名字因此又叫"布德贡杰"（ཧྲུ་ཏེ་གུང་རྒྱལ།）。布德贡杰还在野牛角里哺育时，母亲把他最小的哥哥从后藏召回替代他的父亲。

传说，天绳被自己斩断、中箭身亡，从此在人间留下了遗骸的直贡赞布，人称"父丁"（པ་སྟེངས།）；父王死后出生的遗腹子叫"拉俄"（ཟླ།）。这遗腹子因为是被母亲放在野牛角和毛靴子中喂养过，并由从后藏召回的三哥替代其父，所以被称作"子丁"（བུ་སྟེངས།）。这就是所谓"父子二丁王"之说的由来。直贡赞布与布德贡杰父子二人的王陵建在雅隆地方一个叫"波章冒章"的山顶上。

布德贡杰继承了直贡赞布的王位，其王统父子相承次第为：拉肖勒（ལྷ་ཤོ་ལེགས།）、告如勒（གོ་རུ་ལེགས།）、仲西勒（འབྲོང་ཞི་ལེགས།）、倜肖勒（ཨི་ཤོ་ལེགས།）、陶肖勒（ཐོ་ཤོ་ལེགས།）和俄肖勒（ཨུ་ཤོ་ལེགས།）。上述"土贤六王"[1]筑城堡"钦瓦达孜"（ཕྱིང་བ་སྟག་རྩེ།）等"钦安六宫"[2]而居。他们的陵墓都建在岩石与草地交界处的山坡上。

继俄肖勒之后是萨南森德（ཟ་ནམ་ཟིན་དེ།）、德楚布（སྡེ་འཕྲུལ་པོ།）、南象赞（གནམ་ཞུང་བཙན།）、德诺布（སྡེ་སྣོལ་པོ།）、德诺南（སྡེ་སྣོལ་ནམ།）、赛诺南（བསེ་སྣོལ་ནམ།）、赛诺布（བསེ་སྣོལ་པོ།）和德杰布（སྡེ་རྒྱལ་པོ།）等八王，即所谓"水德八王"（ཆུ་ལ་སྡེ་བརྒྱད།）[3]。他们的王陵均建在香波河（ཤམ་པོའི་ཆུ།）[4]水下。继赞布

---

[1] 土贤六王：又称中勒六王，吐蕃第十至十五代赞布总名。
[2] 钦安六宫：吐蕃"土贤六王"期间，先后在今山南琼结县境钦安地方，修建了郭孜宫、羊孜宫、赤孜宫、孜莫琼吉宫和赤孜奔都宫等五座宫殿，加上布德贡杰所建的钦瓦达孜宫，统称钦安六宫。
[3] 水德八王：又称德字八王，吐蕃第十六至二十三代赞布。此八王均葬于香波河（ཤམ་པའི་ཆུ།）下，故名"水德八王"；另说他们的名字中都有一个"德"（སྡེ།）字，所以又称"德字八王"。
[4] 香波河：雅拉香波河，今山南乃东境雅拉河。发源于措美县卡珠谷，系雅鲁藏布江一支流。

德杰布之后是杰布真赞（རྒྱལ་པོ་སྒྲིན་བཙན།）、陶日隆赞（ཐོ་རི་ལོང་བཙན།）、赤赞南（ཁྲི་བཙན་ནམ།）、赤扎帮赞（ཁྲི་སྒྲ་སྦྱུང་བཙན།）和赤妥吉妥赞（ཁྲི་ཐོག་རྗེ་ཐོག་བཙན།）"赞字五王"[1]等。他们的王陵都建在达尔瓦塘平原（དར་བ་ཐང་།），人们将这些陵墓称作"萨旁札"（ས་ཕུང་འདྲ། 形似土堆的王陵）。

氏族与王统史第五章竟。

---

[1] 赞字五王：吐蕃第二十四至二十八代赞普总名。此五代赞普名称中均有一"赞"（བཙན།）字，故称"赞字五王"。

第六章　初启正法之门

自众敬王迄"释迦族人聂赤赞布",子嗣相继,王统蔚然自成一系。

当王统传至赤妥吉妥赞时,此王与年茂贡曼(གཉན་མོ་གུང་སྐྱེས)王后生有一子,名叫"拉妥妥日年谢"(ལྷ་ཐོ་ཐོ་རི་གཉན་ཤེས)[1]。据说,其名冠之以"拉"(ལྷ),是因为他原本是沃赛拉(འོད་ཟེར་ལྷ 光音天)的后裔;吐蕃的君主称"妥妥巴"(ཐོ་ཐོ་བ),父王想让他将来继位当吐蕃的君主,所以就取名"妥妥日"(ཐོ་ཐོ་རི);另有一说,说他发佛法之端倪,受善法之加持,故名"妥妥日"。所谓"年",一说因系母后年茂贡曼所生而得名;另一说,吐蕃臣民皆俯首听命于他(གཉན་པ 译音"年",意为听从),故名。至于"谢"的意思,一说赞布的一辅臣名叫"谢"(ཤེས)某某,另一说,因他曾得到一个四层水晶宝塔(ཤེལ་གྱི་མཆོད་རྟེན 译注:水晶,译音"谢"),故名。

拉妥妥日年谢王在雅隆河谷东岸,修建了一座"水晶宫"

---

[1] 拉妥妥日年谢王:吐蕃第二十八代赞布,按本书排列则为第二十九代。藏文史籍及本书记载,此王时建造了雍布拉岗宫,并得到一只装有四部佛经和一座四层水晶塔的"玄秘神物"宝匣。有人以此作为佛教传入吐蕃的开端。

似的雍布拉岗宫（ཡུམ་བུ་བླ་སྒང་།）[1]。父王赤妥吉妥赞与王子拉妥妥日年谢一同住在宫中，共谋治国之大事。父子俩认为，吐蕃之众，种族低劣，不守法规，桀骜难驯，故将吐蕃划分为（རུ་བཞི།），并将这四茹的疆域分别划分给色（སེ།）、穆（སྨུ།）、董（སྟོང་།）、东（སྡོང་།）四大内族及其他一些小部族，而把那些不法之徒则统统发配到边远偏僻的地方去了。

拉妥妥日年谢在雍布拉岗宫当政期间，异邦天竺摩揭陀国（མ་ག་དྷ།）的当朝国王叫"匝"（ཛ译音）。这位摩揭陀国王在拜读先祖的遗书时，从先王达磨阿育王（དྷརྨ་ཨ་ཤོ་ཀ།）[2]的史传中得悉，先王曾有建造佛与菩萨身、语、意之所依的愿望，后来只造立了佛和菩萨的身之所依（佛像）一千万尊，而造立语之所依（佛经）和意之所依（佛塔）的夙愿尚未能实现。国王"匝"心想，如此圣绩，看来有待我来成就！于是，他向一位德高望重的长老详细询问了有关其先祖造立圣像的原委。

这位长老告诉他说："世尊佛陀曾在王舍城化缘时，塔给玛（ཐ་གེ་མ།）的儿子朝他身上撒了一把沙子。佛陀预言'这把沙子有多少颗沙粒，就将如数变出多少尊佛像'。而这把沙子竟有数以千万粒。先王的前生正是塔给玛之子，他的后世

---

[1] 雍布拉岗宫：相传是吐蕃第一代赞布聂赤赞布建造的吐蕃历史上的第一座宫殿，本书则说此殿系拉妥妥日年谢所建。该殿位于今山南乃东区东南雅隆河东岸的一座山上，整个建筑分三大部分，前部为一幢多层石砌建筑，后部是一座方形高层碉楼，地下部分有大庭、有窟室、有暗道机关，可自然采光。此殿构造独特，巍峨挺拔，气势雄伟。

[2] 达磨阿育王：意译无忧王，佛教著名护法王，印度孔雀王朝第三代国王。生卒年不详，在位年代约在公元前232年前后。他继承并发展了先王统一印度的事业，使孔雀王朝成为印度历史上第一个统一的大帝国。

是十车王与王妃卓堪玛（འགྲོག་མཁན་མ།）在香特坚城（ཞིང་ཐག་ཅན།）所生的阿输迦王子（阿育王）。"

"彼时，西方有异教鼓音派（ཇ་སྒྲ་ཅན།），十车王命戍边军队镇压鼓音派异教徒。一时间香特坚城的人们几乎都成了屠夫，他们极尽烧杀抢掠之能事，直杀得鼓音派三兄弟及其信徒片甲不留，无一幸免。"

"不料有一天，王子（阿育王）出外玩耍时迷了路，误入城中一屠夫家，他被屠夫逮住下了油锅。奇怪的是这孩子大难不死，竟被油锅里生出的一株莲花托起，浑身挂满晶莹欲滴的露珠，愈发显得英俊，屠夫为之大惊失色。"

"十车王看在王子大难不死的情分上，亲往鸡胤部欢喜园（བྱ་གག་གི་ཀུན་དགའ་ར་བ།），向一位颇有名望的尊者请教如何消除自己罪孽的办法。"

"尊者口诵一偈道：'具有善根之者，所造罪孽可却，乌云难蔽明月，善业能消罪孽。'"

"那么我应怎样行善呢？"国王问。

"尊者说：'你若能在一日之内延请百万僧众举行盛大法筵，或在一夜之间造立一千万尊佛像，陛下的罪孽即可除矣。'"

"要我一日之内延请百万僧众举行盛大法筵倒不难，难的是别说一夜之间造立千万尊佛像，就连一尊我也造不了，你这岂不分明是说我罪孽深重，无可救药吗？"

"尊者又劝解道：'陛下乃是受命于世尊的一国之君，你可在摩揭陀林苑向佛像广施供奉，延请百万僧众举行盛大法筵,并当众祈祷发愿,就说天龙八部(ཕྱ་མ་སྲིན་སྡེ་བརྒྱད།)[1]各路鬼神,众等若以为我依然是受命于佛的天子,就请在一夜之间造立一千万尊如来佛像,如若不能,那么我这个受命于佛的天子也就徒有虚名了。陛下依我所言行事,便可如愿以偿。'"

"国王依尊者所言照办之后,果不其然,天龙八部众鬼神一夜之间就在南赡部洲造立了一千万尊佛像,同时还造了一座四层水晶宝塔献给了国王。次日,国王便获得了初果果位(རྒྱུན་དུ་ཞུགས་པ།)。随后这位尊者化身成一千万个国王,分别为那一千万尊佛像举行了开光仪式。国王随即又获得了阿罗汉果位(དགྲ་བཅོམ་པ།)。"

国王"匝"请教长老道:"我的先祖只建造了佛的身之所依(佛像),却没能造就语之所依(佛经)。我亦不可只建造意之所依(佛塔),而不造立语之所依,当一并为之!我如何才能成就此事呢?"

长老面授机宜道:"陛下可效法先王,在菩提林苑广施供奉,大设法筵,即可造立意之所依,亦可成就语之所依。"

国王"匝"依尊者所嘱行事已毕,忽然间金刚菩萨凌空而至,随即一卷卷佛经便从空中降下。国王将其中的数卷佛经连同四层水晶宝塔一起,装入一宝匣悬挂在宝幢上,大事供奉一番之后,当他正准备开光之际,突然众空行与空行母鼓起一阵"智风"(ཡེ་ཤེས་འབྱུང་བའི་རླུང་འཚུབ།),将那只装着佛经与水晶宝塔的宝匣,吹得不见踪影了。

就在这个时候,吉祥金刚手大势至的化身拉妥妥日年谢

---

[1] 天龙八部:即天、龙、药叉、寻香、非天、金翅鸟、非人和大腹行(牟呼洛伽)。

正在雍布拉岗宫中侍奉其父王母后。忽然，他听得空中妙音四起，又看见祥云氤氲，霎时间祥云中一束五彩的光芒直射胸前，一个用五种珍宝镶成的宝匣，不知不觉已捧在了怀中。拉妥妥日年谢王打开宝匣，只见里面装着一座四层水晶宝塔和数函用吠琉璃粉书写的金质书卷。翻开书卷，他虽不知是佛典（ཆོས།）还是苯经（བོན།），但深信这是一件稀世宝物，故取其名曰"玄秘神物"（གཉན་པོ་གསང་བ།）[1]。

拉妥妥日年谢把这件"玄秘神物"安放在宝座上，时时用御酒神饮和绿松宝石供奉，天天围着它一边转"古拉"（སྐོར་བ།）[2]，一边祷祝。据说，借此宝物的加持，已是年迈体衰、白发苍苍的赞布，居然变得皓齿鹤发，返老还童了。他享年120岁，一生活了两世人。

拉妥妥日年谢王父子的陵墓，据说建在香波（ཤམ་པོ།）[3]地方的冰雪与岩石交界处。

赞布拉妥妥日年谢临终时曾留下遗嘱说："在雪域吐蕃无论出现什么样的祸患灾难，只要向我的玄秘神物祈祷便可消灾避难；若是想要祈福求善，尽管向它祷祝，定会随心如愿。"

---

[1] 玄秘神物：音译"年宝桑瓦"。据本书记载和藏族神话传说，吐蕃第二十九代赞布拉妥妥日年谢时，忽一日，一宝匣从天而降至雍布拉岗宫，内有数函吠琉璃粉书写的书卷和一座精巧的四层水晶宝塔。拉妥妥日年谢王不识此乃何物，遂命名"玄秘神物"。直到松赞干布时经大臣屯米桑布札解读，方得知是《宝匣经》《怖摩拉穆诸佛菩萨名称经》《那伽诸佛菩萨名号经》和《十善法典》。传说拉妥妥日年谢凭借此玄秘神物之功德，返老还童，享年120岁。后世以此作为佛教传入吐蕃之始。
[2] 转古拉：围绕某具有宗教意义的物体右旋行走转动，是藏传佛教信徒礼佛、诵经、祈愿、朝拜的一种特有形式。有转经筒、佛塔、佛像、佛堂、寺庙、嘛呢堆等，甚至有规模盛大的转神山、圣湖活动。
[3] 香波：即雅拉香波山（ཡར་ལྷ་ཤམ་པོ།），山南乃东境内一神山。

欲知宝匣"玄秘神物"中所藏四部书卷为何物,其详见下文有关章节。

拉妥妥日年谢王于雍布拉岗宫初启正法之门之第六章竟。

第七章　南日松赞传略

赞布拉妥妥日年谢的王子叫赤年桑赞（ཁྲི་གཉན་བཟུང་བཙན།）[1]。赤年桑赞之子是达戈年思（སྟག་གི་གཉན་གཟིགས།）[2]。传说达戈年思先天双目失明，后来凭借向先祖的"玄秘神物"和"水晶宝塔"祷祝，双目得以复明。其后嗣是南日松赞（གནམ་རི་སྲོང་བཙན།）[3]。赞布南日松赞是一位非凡的君主，他向来言必信，行必果，心想事成。

赞布南日松赞在雅隆东北方的钵巴宫（པོ་བྲང་ཕྱག་པ་ཅན）驻锡期间，主持修建了贤宁敏久宫（པོ་བྲང་ཕྱམས་སྙོམས་མི་འགྱུར）。宫殿修成后他娶才松萨・智冒陶嘎尔（ཚེ་སྤོང་བཟའ་འབྲི་མོ་ཐོད་དཀར）为后。是他最先在才邦山（ཚེ་སྤོང་གི་རི）发现金矿，在给日山（གི་རི）发现银矿，在昌布岭（འབྲང་པོའི་ཧྲ）发现铜矿，在热嘎山（ར་གའི་རི་བྲག）发现铁矿，还在北方的拉措湖（བྱང་

---

[1] 赤年桑赞：按藏文史籍记载，为吐蕃第二十九代赞布，本书则记为第三十代。系拉妥妥日年谢王之子，《新唐书》译作揭利失若。

[2] 达戈年思：亦名达日年思。按有关藏文史籍记载，系吐蕃第三十代赞布仲年德如之子，按本书载，则为赤年桑赞之子。

[3] 南日松赞：吐蕃第三十二代赞布，达戈年思之子，《新唐书》作论赞索。南日松赞时吐蕃王朝以雅隆为中心，疆域有所拓展，为松赞干布时代吐蕃王朝的进一步强盛奠定了基础。

གི་ཧ་མཚོ། ）发现了食盐；是他最早把野牛驯养成牦牛，把野鹿驯养成黄牛，把野羊驯养成绵羊，把麝獐驯养成山羊，把野驴驯养成骡马，把狼驯养成牧犬。从他那时起，开始分设内相、外相（ནང་བློན་དང་ཕྱི་བློན།），并开始垦荒耕田，牧放牲畜。这些都是他的恩德功绩。

某一日，大悲观世音菩萨自天竺南方普陀山举目远眺雪域吐蕃，观见那里的众生首领因得其先王拉妥妥日年谢的"玄秘神物"并供奉之，彼等悟性渐已萌发，遂决意化身为吐蕃赞布去教化那里的臣民。于是，大悲观世音菩萨便投胎托生为南日松赞与王后才松萨·智冒陶嘎尔的王子。

当时，大悲观世音菩萨起驾前往雪域吐蕃时的情景，依诸佛与众菩萨之所见，观世音从普陀山起驾径自前往雪域；依天界众神之所见，一道白光，一闪而过；而依南日松赞亲眼之所见，忽然一道光芒，没入王后体内……

十个月后，一位极不寻常的王子诞生了。这王子一生下来就具足三十二相（མཚན་བཟང་པོ་སུམ་ཅུ་རྩ་གཉིས།）[1]和八十种随好（དཔེ་བྱད་བཟང་པོ་བརྒྱད་ཅུ།）[2]。尤为奇异的是，在他浓密的乌发间，长着一尊阿弥陀佛的头像。

---

[1] 三十二相：三十二种大丈夫相，即千辐轮、足善住、手足缦网、手足细软、七处充满、指纤长、跟圆长、身广洪直、足踝端厚、身毛上靡、緊泥耶腨、立手摩膝、势峰藏密、身金色、皮肤细滑、身毛右旋、眉间白毫、狮子上身、肩头圆满、肩膊圆满、得最上味、身分圆满、乌瑟腻沙、广长舌、得梵音声、狮子颔轮、齿鲜白、齿平整、齿齐密、四十齿、目绀青和牛王睫。

[2] 八十种随好：佛所具有的八十种微妙相好，属于爪甲者三、指者三、脉络者二、足者三、步态者七、头部者三、发者六、目者五、眉者四、耳者二、鼻者二、口者二、舌者三、齿者五、语者二、手者二、手纹者三、全身功德者十、身无瑕疵者四、下体者四、脐者二、总行止者三，共有八十。

第七章　南日松赞传略

父王觉得这孩子的确殊胜非凡，但又怕别人看见自己的儿子长着两个脑袋而遭非议，就用一条红绫带把王子头顶上的阿弥陀佛像白天缠起来，到了晚上再解开。偶尔有一天，父王忘了给王子缠头，正巧被前来早朝的大臣们看见了。当时噶尔东赞玉桑（མགར་སྟོང་བཙན་ཡུལ་བཟུང་།）[1]和屯米桑布札（ཐོན་མི་སམ་བྷོ་ཊ།）[2]，还有两名幼童（译注：所指未详）也在场。随后便有传言说，赞布陛下的王子长着两个脑袋。内臣那阐布（ནང་བློན་སྣ་ཆེན་པོ།）[3]说，他亲眼看见王子头顶上的头像还能左顾右盼云云。

王子4岁那年，父王南日松赞在北方筑行宫而居。有一天，南日松赞带着侍从出行，当行至香丹巴山（བྱང་འདམ་པ།）背面

---

[1] 噶尔东赞玉桑（？~667）：唐时称禄东赞，松赞干布时吐蕃权臣。噶尔家族原为苏毗家臣，吐蕃抚服苏毗后转为吐蕃王室亲信重臣。噶尔东赞为人沉勇果毅，有谋略，善机变，赞布依重，世代相国。据《册府元龟·九六二·外臣部·贤行》载："吐蕃相禄东赞贞观十五年来朝，先是，许以文成公主出降，赞布遣禄东赞来迓。"唐·阎立本画，吴道子摹本《步辇图》是禄东赞至长安迎请文成公主的真实写照。据《册府元龟·九六二·外臣部·才智》载："……禄东赞领解兵术，吐蕃赞府以国事委之。讲兵训师，雅有节制，吐蕃并兼诸羌，雄霸本土，东赞有力焉。东赞有五子，长曰赞悉若，次钦陵，次赞婆，次每多干，次敷论。"另据《新传》载："（东赞）有子曰钦陵，曰赞婆，曰悉多干，曰勃论。禄东赞死，兄弟并当国。"噶尔家族专吐蕃国政年久，居功自恃，与赞布王室发生权益冲突，后被王室刈除（据《敦煌本吐蕃历史文书》）。

[2] 屯米桑布札：松赞干布时的一位著名文臣。藏史称"吐蕃七良臣"之一。屯米桑布札早年受命前往印度求学，学成之后以其非凡的智慧，在当时的文字雏形基础上，参照梵文的声韵和语法，结合吐蕃语语音系统，成功地创制了吐蕃文字，并翻译了大量佛经，为早期吐蕃的文明和后世藏族社会的发展、进步作出了影响极为深远的巨大贡献，深受藏族人民的爱戴和崇拜。

[3] 那阐布：松赞干布的首席大臣，位在十六大臣之首。世出望族董氏，系贝卓之嗣（དྲུས་ཆེན་པོ་གོང་ཞིང་ཆེན་སྟོང་སྟོབས་ལྡན་གྱི་བུ་བརྒྱུད།），松赞干布的后妃之一董妃赤尊系其女。据本书载，松赞干布出征时由他在本土代为摄政。其生卒年及生平事迹未详。

歇息时，侍从琼布巴达布迪（ཁྱུང་པོ་སྦྲ་ཏུ་སྦུ་ཏི།）与布琼让布（སྦུ་ཁྱུང་རིང་པོ།）宰了一头牦牛，煮了一锅肉，赞布吃了牦牛肉后即刻中毒身亡。他的御马"姜希玛夏骏"（ཅང་ཤེས་རྨ་བྱ་གྱུང་།）也被活埋了。

南日松赞九层状的陵墓修筑在雅隆顿嘎尔（ཡར་ལུང་དོན་དཀར།）山上。

父王南日松赞传略之第七章竟。

第八章　诸佛授权赞布

南日松赞去世后,身为大悲观世音自性身的幼主松赞干布心想:从今往后,雪域的这些猕猴父罗刹母的子孙后代将由自己亲自调伏。为此,必须拥有至高无上的权力,我何不就此祈请诸佛与众菩萨给自己灌顶授权呢?赞布松赞干布正坐在宝座上这么寻思着,除盖障菩萨(སྒྲིབ་པ་རྣམ་པར་སེལ་བ།)已莅临宝座上方,款款解开赞布头上的红绫带。与此同时,文殊菩萨(འཇམ་དཔལ་དབྱངས་དཔལ།)手持宝瓶从左面向他洒净水,吉祥金刚手菩萨(དཔལ་ཕྱག་ན་རྡོ་རྗེ།)手执宝瓶从右面给他洒净水,阿弥陀佛(འོད་དཔག་མེད།即无量光佛)在他头顶上方伸出红莲宝石般的手臂为他摸顶,授之以至高无上究竟圆满的权力。

灌顶授权既毕,松赞干布顿时浑身光芒四射,在每一道光芒的另一端都显现出一方方圆满受身净土,并化现出无数个松赞干布在遍照雪海佛座前的景象;继而松赞干布的这些化身复又光芒四射,在那无数道光芒的另一端所显现的一方方净土之上,又化现出一个个遍照雪海光庄严佛;这些化身又自胸际大放光芒,在那无数道光芒的另一端所显现的一方方刹土之上,又化现出一个个佛陀释迦牟尼;释迦牟尼的这些化身也光芒四射，在那无数道光芒的另一端又化现出无数佛与观世音菩萨，他们都在遍照雪海光庄严佛的座前为无以数计的王子松赞干布摸顶；松赞干布的化身发出的光芒又化现出无数个天王太子（སྟོབས་རྒྱལ་པོའི་རྒྱལ་བུ་གཅེན་བུ་），天王太子的化身发出的光芒又化现出无以数计的释迦牟尼在化身净土（སྤྲུལ་པའི་སྐུའི་ཞིང་ཁམས།）为王子松赞干布摸顶；王子松赞干布又放射出普照十方天际的光芒，这一道道光芒所化现出的无数观世音菩萨又从他的胸际放射出万道光芒，化现出数不胜数的千手千眼十一面观世音菩萨，广遍利乐普天下的六道众生直到今日。

但凡断除盖障，心智清明的人，都曾目睹过我松赞干布神通广大的化身；而那些诸障遮蔽，心窍蒙昧的人，则无法见到我变化莫测之化身。

大悲观世音菩萨可随机应变，利乐六道众生。

上述情形，在昌珠王宫（ཁྲ་འབྲུག་གི་རྒྱལ་པོའི་ཕོ་བྲང་།）有金粉书写的壁画为记。

诸佛与众菩萨为赞布松赞干布授以身、语、意究竟圆满权力之第八章竟。

第九章　圣僧迎请本尊

赞布松赞干布从此开始称雄于世，边邦邻国无不岁岁前来朝贡。吐蕃当时尚无文字，需要进贡什么财货贡品只能以口信传旨。

为使吐蕃也能有自己的文字，赞布曾派遣众多天资聪颖的吐蕃学子前往天竺求学。然而，这些人不是被天竺的厉鬼所害，就是死于炎热酷暑。后来赞布又委派十六大臣中最为聪慧的大臣屯米桑布札前往天竺修习文字，并赐沙金一升作为资费。屯米桑布札抵达天竺南方后，慕名拜求一位名叫"婆罗门黎敬迪迦"（བྲམ་ཟེ་ལི་བྱིན་དེ་ཀ།）的文字大师为师，献沙金半升求之赐教。这位大师言称通晓二十种文字，他带屯米桑布札到海滨的一块石碑前，碑上清清楚楚地刻有二十种文字。他问吐蕃学子想学哪种文字，屯米桑布札（指着碑上的一种文字）说："我就学这种文字吧！"于是屯米便开始修习"合乎吐蕃语"的那种文字。

天竺文有五十个辅音字母（ཀ་མད་ལ་བཅུ་ཐམ་པ།），其中辅音的第一组字母[ཀའི་སྡེ་ཚན། 即 ཀ་ཁ་ག་ང་། 译者注：原文此处有误，应为"重叠字母"（མཐུག་པོའི་སྡེ།），即 ཊ་ཋ་ཌ་ཌྷ་ཎ་། 以及 ཥ།]和反体字母（ཏ་ལོག་གི་སྡེ། 即 ཏ་ཐ་ད་ན།），因吐蕃语中没有与之相对应的发音而被舍弃。吐蕃语的元音（ཨ་ཡིག）与辅音（ཀ་ཡིག），大致都包括在天竺文的元、辅音字母之中。屯米以其创意，从天竺文的十六个元音中选取了合乎吐蕃语的ན་རོ། 和གི་གུ།等四个元音(ཨི་ཨུ་ཨེ་ཨོ།)。天竺语有些词语的发音对应吐蕃语，例如：天竺语"艾嘎"（ཨེ་ཀ།），吐蕃语作"久"（གཅིག 数词一）；因天竺语中没有"嘉"（ཅ）这个辅音，吐蕃文就增加了这个辅音字母"嘉"；又如：天竺语"达摩"，吐蕃语作"齐"（ཆོས། 法），天竺语中没有"恰"（ཆ）这个辅音，吐蕃文又增加了这个辅音字母"恰"；天竺语"劳噶"（ལོ་ཀ།），吐蕃语作"久旦"（འཇིག་རྟེན། 世间），天竺语中没有辅音"加"（ཇ），吐蕃语又增加了这个辅音字母"加"；天竺语"那玛"（ནམ།），吐蕃语作"希萨"（ཞུ། 敬语），天竺语中没有辅音"夏"（ཞ），吐蕃文又增加了这个辅音字母"夏"。另外，因吐蕃语没有天竺语的长短音之分，故又增加了一个半元音字母"阿"（འ）。这样一来，吐蕃文新创了天竺文中所没有的"五个半"字母。再则，所谓"原音用法"（སྒྲ་སོར་བཞག），是指吐蕃语用天竺语的原音来读写密咒的一种用法。

　　吐蕃文是由"拼音规则"（སྒྲ།）与"音素符号"（ཨ་ཡིག）拼合书写的。它有五个前加字（འཕུལ་ཡིག་ལྔ། 即ག་ད་བ་མ་འ）和十个后加字（རྗེན་ཡིག་བཅུ། 即ག་ང་ན་མ་ར་ལ་ས་ད་བ་འ 译注：原文十个后加字的排序与现行传统语法的排序有所不同）。前后加字的作用是为了不使（词的音、形、义）混淆。另有一说，吐蕃文的辅音字母"嘉"（ཅ）取自属庐氏地名（ཅོག་རོའི་ཡུལ།）；"萨"（ཟ）取自萨霍尔地名（ཟ་ཧོར་ཡུལ།）；"夏"（ཞ）取自象雄地名（ཞང་ཞུང་གི་ཡུལ།）；"阿"（འ）取自阿厦地名（འ་ཞའི་ཡུལ།）；"恰"

（ཀ）与"加"（ད）来自灵感；而下加字及其他分支结构则完全是智慧的独创。吐蕃文依据天竺文的五十个字母摄集转换为三十个字母，但其中的五个半字母是天竺文中所没有的。所谓"五个半字母"中的"半个字母"，是指字母"阿"（འ）只能作为前、后加字配置，故名。

屯米桑布札精通文字，博识声明，成为吐蕃历史上最早的文字大师和翻译大师，被誉为文殊菩萨的"语之化身"。

屯米桑布札学成之后，他在天竺又求得一批大乘佛经，诸如《正法如意珠陀罗尼》（དམ་ཆོས་ཉིན་ཀླུ་མ་ཧེ།）、《无量瀑流游戏经》（ཆུ་ཀླུང་རྩ་ཆགས་རོལ་པའི་མདོ།）、《瀑流巴擦经》（ཆུ་ཀླུང་བ་ཚའི་མདོ།）和《大悲莲华经》（སྙིང་རྗེ་པདྨ་དཀར་པོ།）等。屯米将这批佛经带回吐蕃献给了赞布，赞布为之大喜，并命屯米桑布札识读其祖上拉妥妥日年谢所遗"玄秘神物"。屯米经识读译解，方知原来是《怖摩拉穆达诸佛菩萨名号经》（བྱི་མ་ལ་མུ་དྲའི་དཔལ་སངས་སྲོང་ཕྱག་བརྒྱ་པ།）、《宝箧庄严经》（མདོ་ཟ་མ་ཏོག་བཀོད་པ།）和《那伽诸佛菩萨名号经》（ཀླུའི་དཔལ་སངས་སྲོང་ཕྱག་བརྒྱ་པ།），以及《十善法典》（དགེ་བ་བཅུའི་ཁྲིམས་བྱེད་པའི་ཁྲིམས་ཡིག）等四部典籍。

赞布松赞干布从此开始潜心修习文字，历四载而闭门不出。大臣们对此颇有非议，私下议论说："陛下修习文字已逾四载，至今仍足不出户，莫非他志大才疏，愚不可及，看来吐蕃黎民的福乐（སྐྱིད་པ།）只能靠咱们臣下了。"

赞布听到这些风言风语后心想，若是任其流长飞短，说我愚笨，我将何以服众？于是他召集臣僚训示道："我深居简出，修习文字，而你们却散布流言蜚语，图谋篡权。既然如此，我现在就颁行'十善之法'，以诏吐蕃臣民！往昔吐蕃应立法而未立法，故分裂为十二藩邦。若至今仍无法可依，必将导致罪孽横生、祸患无穷，殃及我叔侄甥舅子嗣后代。从今往后，凡我治下臣民，须不杀生，杀人者偿命价千金；不偷盗，偷盗者退赔赃物；不抢人，抢人者偿还原物；不奸淫，奸淫者科以罚金；不妄语、不两舌、不绮语、不贪心、不嗔心、不邪见。但凡有违之者，均科以相应的处罚！"

赞布言毕，大臣们都交口称赞道："陛下真是一位胸怀远大，智慧无穷的英明君主！"正因为他善护正法，心智邃远，故称之为"赞布松赞干布"。

松赞干布依照"世间道德规范十六款"（མི་ཆོས་ཆེན་པོ་བཅུ་དྲུག）[1]，制定并颁行了"十善法"（དགེ་བ་བཅུའི་ཁྲིམས）[2]。随后他又想：如今在我域内可崇佛矣！而崇佛则须有本尊（ཡི་དམ་གྱི་སྐུ）。若用土石造立本尊像未免太差次，用木料造像又易干裂，用珍宝造像，又恐人心叵测，终将毁之于一旦……

日暮时分，赞布还在为造像材料的事费思劳神。忽然，天空中众天神现身云端，向松赞干布施过礼后异口同声地说："赞布陛下，在天竺南方僧伽罗（སིང་ག་ལ）[3]岛的海滨沙洲上，有一尊羯沙流波坭（ཁ་བཀྲུ་ཧེ）神像，在神像背后的沙滩下埋着一棵蛇心旃檀树，你的本尊就在其中，可前往迎请之。"话

---

[1] 世间道德规范十六款：松赞干布时制定颁行，一、敬信三宝；二、求修正法；三、报父母恩；四、尊重有德；五、敬贵尊老；六、利济乡邻；七、直言小心；八、义深亲友；九、追踪上流；十、饮食有节，货财安分；十一、追认旧恩；十二、及时偿债，秤斗无欺；十三、慎戒忌妒；十四、不听邪说，自持主见；十五、温言寡语；十六、担当重任，度量宽宏。

[2] 十善法：不杀生、不偷盗、不邪淫、不妄语、不两舌、不恶口、不绮语、不贪、不嗔和不邪见。

[3] 僧伽罗：今斯里兰卡，亚洲南部印度洋中的一个岛国。

音刚落，众天神便隐身而去。

要说前往（僧伽罗）那地方去迎请本尊，一路山高路险，猛兽可怖，恐怕难以如愿。但为了迎请本尊，大悲观世音的化身赞布松赞干布从眉宇间发出一道光芒，直射望族董氏贝卓嗣后的内臣那阐布（དུས་ཆེན་པོ་གོང་སྟོང་ཆེན་སྲོས་སྟོའི་བུ་རྒྱུད་ནང་བློན་སྣ་ཆེན་པོ།）之女董妃赤尊(སྟོང་བཟའ་ཁྲི་བཙུན།)的心际。六七个月后，就在"喜日"初六与"善日"初七交替之际，董妃赤尊生下一子，他就是化身比丘施罗阿嘎尔玛迪（ཤྲཱི་ལ་ཀར་མ་ཏི།）。这位化身比丘（和他父王一样）头顶上也长着一尊阿弥陀佛像。他乘着从父王眉宇间放出的"光芒之马"，犹如离弦之箭，直奔天竺南方去迎请父王的本尊。

化身比丘抵达天竺南方后，他先行降伏了香特犍人（ཞིང་ཁག་ཅན།），随后又辗转来到了僧伽罗岛。他在当地得悉南方有座伽日那城（ཀ་དུ་ན།），城中有座给日宫（པོ་བྲང་གི་དུ།），当朝国王叫俄玛达格赛尔(ཨུད་མ་ད་གི་སར།)。其祖上先王均为内道法王，而自他登基后便改奉异教，毁灭佛法、拆除佛寺，立不善之法、行不善之举，杀生、偷盗、淫邪、妄语，无恶不作。他每日清晨都要令臣下宰杀五只山羊，用猩红的血肉来祭祀异教大天神摩诃帝巴（མ་ཧཱ་དེ་བ།）。化身比丘决意调伏这位昏君。

在这座城市的城南，有一座由饮光佛开光的"莲轮大宝塔"，化身比丘便绕着这座宝塔腾空跏趺而行。恰巧这时国王俄玛达格赛尔出游登临位于城中央的一座可俯瞰全城的九层塔楼。他从塔楼南面的瞭望台凭栏远眺时，远远望见有个人腾空跏趺绕塔而行，顿时心生敬意，当即命守塔人道："有一圣者正绕着莲轮大宝塔腾空而行，快去把他给我请来！"

守塔人赶忙前去传旨道:"国王陛下有请尊者前去王宫。"那比丘一转眼就像飞鸟般飞抵王宫。国王盛情款待了他,并朝他头顶上抛撒了一捧花瓣,缤纷的花瓣随即化作一顶宛如佛顶上的华盖,高高悬在他头顶上。

国王向背朝着他依然凌空跏趺而坐的化身比丘请求道:"圣僧尊者,您可否每天都到我这儿来给我讲经说法呢?"

比丘回过头说:"陛下若能言听计从,我就天天来,不然我就不再来了。"

"只要圣僧肯大驾光临,我一定俯首听命。"国王应诺道。

于是,化身比丘在宫中小住几日,并略施神通使得这位国王对他愈加钦佩。这时化身比丘觉得调伏这位国王的时机已到,遂对他说:"国王陛下,你可知道你的祖上先王均为法王,而你却弃善法、崇外道、毁佛寺,行十不善之恶,造五无间之罪(མཚམས་མེད་པའི་ལྔ)[1],真是大逆不道,罪孽深重啊!你若想消除你的罪孽,就得用蛇心旃檀和胜地旃檀各造立一百零八尊佛像,并供之于兰若神殿。你务须放弃外道邪说而像先祖那样善持佛法!"

国王叹道:"无论尊者说什么,我都一一照办,可那蛇心旃檀只在密严刹土才有,我岂能得到它呢?再说那胜地旃檀生长在玛拉雅山(མ་ལ་ཡ)[2]上,并有毒蛇缠绕,我更是无法得到。故请尊者收回成命,再说别的什么我都遵命。"

化身比丘告诉他说:"在南面大海边羯沙流波坭神像的背后有一群大象,那蛇心旃檀就埋在其中一只大象卧下的沙滩

---

[1] 五无间之罪:弑父、弑母、杀阿罗汉、破僧和合、恶心出佛身血。
[2] 玛拉雅山:梵文意为香山,传说中药都善见城西面的一座山名。

里；在普陀山（ རི་བོ་ཏ་ལ ）北麓有一片柏树林，每当十五的明月升起的时候，红艳艳的胜地旃檀花便会在林中绽放，只要找到了那红花就能找到胜地旃檀树。你可照我说的去找，不过为了能如愿以偿，应事先祭祀莲轮大宝塔，以期得到如意妙果与殊胜成就。"

国王按照化身比丘的授意举行了盛大的祭祀。这也是佛教徒凡举事之前都要进行祀奉仪规的惯例。随后，化身比丘与国王一起率众前往寻觅那稀世的蛇心旃檀和胜地旃檀。

他们一行到达海滨后，国王问蛇心旃檀究竟埋在哪只大象的卧下。比丘告诉他说："就在象群中那只面朝东方，鼻子发红，眼角酥黄，嘴里不时发出哼哼声的大象卧下。"

如此说来，那蛇心旃檀为何偏偏就在那只大象卧下的沙滩下呢？往昔灭累佛曾驾临世间摄持诸有情。彼时有位名叫"持明转轮"的持明者（ རིག་འཛིན ）[1]为了供奉灭累佛，特地从密严刹土求来一束蛇心旃檀花。在归途中他路过羯沙流波坭像时，顺便将一朵蛇心旃檀花献给了这尊神像。这朵花恰好被抛献在神像的顶髻上，后来被海风吹落到地上渐渐变成一个花苞。

说来话长，这尊神像左手握着一株菩提树，每逢每月上旬的初八和下旬的二十八日，这株菩提树便会渗出甘露。每当此时，众智慧空行母便纷纷前来竞相汲取甘露。偶尔有一回，在一个二十八日的夜晚，她们聚会在菩提树下静候甘露滴落时，其中有位空行母唯恐自己汲取不到甘露，便索性光着身

---

[1] 持明者：明谓密乘本尊大乐智慧，持即深入修持此智。指修持密乘，证得成就者。

子抢先用双手去接。这下子逗得大伙都乐了，弄得她自己也有点不好意思，遂把手捧中的甘露全洒了。洒到地上的甘露恰巧淋在了那朵蛇心旃檀花变成的花苞上。打那以后，这花苞便在灭累佛示寂时发了芽，在金寂佛入灭时长了叶，在饮光佛圆寂时开了花，在释迦牟尼诞生时结了果。当世尊涅槃时，这棵蛇心旃檀树随之颓然倾倒，被掩埋在沙滩之下。

至于说羯沙流波垭像又是为何安立于此的呢？这是因为羯沙流波垭是观世音菩萨的化身，它安立于此是为了益利大海之中的诸有情。这尊神像可以使大大小小的一切有情都得到"不退转之业力"。

那么，大象为什么会群聚在这儿呢？要知道"足印之中大象的足印最大，意想之中无常之想至上"。若不知"无常"，则所作所为皆患得患失，以致于一切行为，诸如聚敛财富、贪官求荣等等，都将成为轮回于三恶趣之因（原注：三恶趣即地狱、饿鬼、畜生）；若了知"无常"，则不为"世间八法"（འཇིག་རྟེན་ཆོས་བརྒྱད།）[1] 困扰，一切所作所为都将成为轮回于三善趣之因，而悟此道者便称之为"佛"。大象在海滨漫游是为了消夏避暑。那只大象缘其通慧，它一上岸就带着象群卧在埋着蛇心旃檀树的沙滩上，这样便可免受酷暑炎热之苦。大象有八畏怖，即一畏入水淹死，二畏坠坑摔死，三畏野火烧死，四畏雷电击死，五畏瘟疫病死，六畏狮子咬死，七畏山崩砸死，八畏被人杀死。正因为蛇心旃檀可使大象免遭八畏怖侵害，所以它们才安然卧于埋有蛇心旃檀的沙滩上。

---

[1] 世间八法：对自己稍有损益即生喜怒的世间八事，即利、衰、誉、毁、称、讥、苦、乐。

化身比丘与国王及其随从一起在那只大象卧过的地方下挖，果然挖出了一根蛇心旃檀树干。就在树干被拦腰截断的瞬间，从树心的一个小孔中放射出五彩的光芒，旋即又没入孔中。这便是所谓"随所化之境，现应化之身"的象征。不一会儿，那小孔中又发出了三声"轻轻劈开、轻轻劈开"的声音。当树干被小心翼翼地劈开后，一尊洁白如玉的蛇心旃檀天成十一面大悲观世音像呈现在众人面前。

这尊圣像有十手十一面：其根本双手，胸前合十；下面的双手，一手攥念珠，一手持白莲；再下面的双手，一手握着轮和剑，一手举着净水瓶；再下面的双手，一手拿着甘露瓶，一手秉着如意树；最下面的双手，一手托着一尊神像，一手把着一付弓箭。十一面的根本三面端庄安详，其上是增广三面，又上是灌顶三面，再上是忿怒之面，最上是阿弥陀佛之首。

国王把这根蛇心旃檀木的一半奉送给了化身比丘，用另一半造立了一百零八尊十一面大悲观世音像。

随后，国王又亲率四支大队人马陪同化身比丘前往普陀山。在一个十五的夜晚，他们在皎洁的月光下，终于在柏树林中找到了红艳艳的胜地旃檀花。那么，为何所有的花卉都在阳光下盛开，而唯独胜地旃檀花却在月光下开放呢？其原因是胜地旃檀性清凉，与之相宜的月光清冷爽朗，故胜地旃檀花只会在月光下绽放。

这棵胜地旃檀树被伐倒后，比丘和国王一人分了一半，树根被国王用来作灵塔的中柱木。国王用胜地旃檀木造立了羯沙流波坭菩萨和集密菩萨（གསང་འདུས）、不空绢索菩萨（དོན་ཡོད་ཞགས་པ）、马头明王菩萨（ཧ་ཡ་གྲི་བ）、千手千眼菩萨（ཕྱག་

སྡོང་ཤུན་སྡོང་།)、永断轮回菩萨（འཁོར་བ་དོང་སྤྲུགས།）、四手十一面菩萨（ཞལ་བཅུ་གཅིག་ཕྱག་བཞི་པ།）等一百零八尊菩萨像，并一一安立在新建造的一百零八座寺庙中。化身比丘也用部分胜地旃檀木造立了一百零八尊度母像，分别安立于上述一百零八座寺庙之中。

从此，国王弃外道异教，奉祖上所崇善法，他本人也成为一个虔诚的佛教信徒。化身比丘后来在俄玛达格赛尔国王的国度，择良辰吉日，于日暮时分，为举国臣民举行了大圆满灌顶。继而他又在乘马十二日行程的方圆内，广行十善之业无算。

当地海岛上繁花似锦，芳草如茵，无以数计的仙女在这里尽享善法之逸乐。化身比丘情知她们都是菩萨的化身，故特地在此采撷了一束芳草。他还知道在那座由饮光佛开光的莲轮大宝塔中，里七层外七层地密封珍藏着一摩揭陀克（མ་ག་ཏའི་ཁལ།）零三升灭累佛、饮光佛和释迦牟尼佛的舍利。他伺机开七道门，启七关封，分别从三个金仓的三只七珍宝匣中，取出三如来佛的舍利一摩揭陀升，然后将此塔又封闭如初。

化身比丘（归返吐蕃）途经摩揭陀国时，国王亲自出迎。头顶上长着阿弥陀佛像的圣僧比丘抵达当地的消息一下子就传开了。

在欢迎的人群中，国王的两位公主欣喜若狂，情不自禁地载歌载舞起来。看热闹的人群中有人指责她俩道："二位公主难道是劣种女子吗？"

"你们这是什么意思？"公主反问道。

对方说："歌妓舞女都是些劣种之女，二位公主如此有失体面的样子,岂不是在败坏王族的德行吗!"

公主面带愠色地驳斥道:"尔等匹夫何出此言,难道向比丘敬献歌舞就成了劣种女子吗?"

说罢,二位公主荡秋千似地从菩提树上折下一根树枝,还摘了一束美丽的鲜花献给了化身比丘。

圣僧比丘将这枝菩提树枝一截为三:把根部削刻成一个小灵塔,置如来三佛的灵骨、舍利子于其中;梢端系着公主献的花朵,时时秉于手上;树枝的中段则用瞻波伽花束缠绕后放在行囊中。

比丘此后云游了八大圣地(གནས་ཆེན་པོ་བརྒྱད),他每到一处都看见那里的每粒沙土上都聚集着无以数计的菩萨化身,便随身带了少许那里的沙土。当行至尼莲禅河畔时,他在释迦牟尼苦行时曾放置钵盂的遗址上,看见这里的每粒沙子上都聚集着数不胜数的菩萨化身,又特意带了这里的净沙一升。

当化身比丘携带着从天竺南方求到的五种稀世珍宝和从中土圣地觅得的五种殊胜之物等十种可资供奉的圣物回到雪域后,他在雅浓彰智上苑(ཡར་སྟོན་ཤྲང་བག་སྟོད་ཚལ)觐见了父王松赞干布,并将这些珍稀之物一一献上。然后,他绕着父王转了三个圈,行了三次礼,便没入父王的眉宇间。

赞布松赞干布随即挑选了十六名供养女,夜以继日地供奉这些圣物。

化身比丘阿嘎尔玛德迎请本尊之第九章竟。

第十章　迎娶赤尊公主

赞布松赞干布自从依怙本尊迎抵雪域吐蕃后，深为时下可望顺利地利乐众生而感到欣慰。那么，究竟在何方举此益利众生之大业为宜呢？他思前想后，忽然想起先祖吉祥金刚手大势至菩萨（译注：此处原文作普贤菩萨）的化身拉妥妥日年谢王，曾在乌茹吉雪（དབུ་རུ་སྐྱིད་ཤོད།）的逻些红山（ལྷ་ས་དམར་པོ་རི།）上驻锡过，并赋之以神力加持。

赞布经过深思熟虑，决意迁徙到吉祥如意、堪兴佛法的乌茹吉雪，在那里一举益利吐蕃众生之大业。他当晚就把本尊神像及其他供奉物品等装上筏子，连夜起程前往父王南日松赞居住过的乌茹扎多察（དབུ་རུ་བྲག་སྟོད་ཚལ།）。

赞布一行一直走到一处形似大鹏展翅的悬崖下才下帐宿营。内臣那阐布陪着赞布去河边洗漱时，忽见河中放射出六道光芒。那阐布忙问陛下"这六道光芒是怎么回事？"赞布说："爱卿，一切法之奥妙精要，尽在'六字真言'之中。这六道光芒所显示的正是六字真言之意，它预示我将在此名扬天下，并广遍利乐诸有情。"赞布所说的正是"吉瑞耶倡"（གྱི་རེ་ཡར་འབྱུང་།）六字真言，也是吐蕃最早的"天成六字真言"。

赞布在乌茹吉雪的红山上兴建的宫殿落成后，他心想既然自己是观世音菩萨的化身，曾在阿弥陀佛座前承诺要对生息在雪域的众生护佑如子，就不仅要为他们的衣食财物这些一时的安乐操劳，更要为他们安于"空性中道"（དབུ་མ་སྟོང་པ་ཉིད།），谋求长治久安而励精图治。

如何才能达到这一目的呢？赞布遂向蛇心旃檀天成十一面大悲观世音本尊像祈愿。本尊像从眉宇间放射出一白一绿两道利箭般直射西方和东方的光芒。

赞布顺着射向西方尼泊尔雅博与雅嘎城（ཡ་འབུ་དང་ཡ་འགལ）的那道白色光芒极目远眺，他遥遥望见尼王尼泊拉智洛哈（ནེ་པ་ལ་འཇི་ལོ་ཧ། 盎输伐摩王）陛下的女儿赤尊公主（ཁྲི་ཅིག་ཁྲི་བཙུན།）[1]。公主妙龄二八，肌肤白里透红，口含白莲馨香，举止文静典雅，具足诸种相好，煞是妩媚动人。这女子不仅花容月貌，且堆金积玉。赞布预见，若与赤尊公主成婚，吐蕃不仅可以因此而得到释迦牟尼8岁等身不动金刚像和由饮光佛加持开光的弥勒法轮像及天成旃檀度母像，还可一字不漏地得到尼国诸如《佛说大乘庄严宝王经》（མདོ་སྡེ་ཟ་མ་ཏོག་བཀོད་པ།）、《白莲华经》（མདོ་སྡེ་པད་མ་དཀར་པོ།）等所有佛经以及五部陀罗尼（གཟུངས་སྡེ་ལྔ།）[2]等经籍。

接着，赞布又顺着那道绿色的光芒举目远望，他远远看见东方京都盖希万门城中（གོང་ཁྱེར་ཀེ་ཤི་བི་སྒོ།），汉唐皇帝（རྒྱལ་

---

[1] 赤尊公主：尼泊尔梨车毗王朝盎输伐摩王（光胄王）之女。木马年（634年）与松赞干布联姻。赤尊公主嫁到吐蕃时随行请来了释迦佛8岁等身不动金刚像、弥勒法轮像和天成旃檀度母像等珍贵佛像及部分佛经。藏史称她主持修建了大昭寺。
[2] 五部陀罗尼：一说为事部本尊大千摧破佛母、大孔雀佛母、随持佛母、大寒林佛母和随行佛母的陀罗尼咒；另一说为尊胜佛母、离垢佛母、妙密舍利、事庄严十万和缘起藏陀罗尼。均为塔、像装藏时所用的咒文。

པོ་གོང་རྗེ་འཕུལ་ཆུང་།）的女儿文成公主。这女子芳龄一十有六，玉肌晰嫩泽亮，口含白檀芬芳，身着七彩霓裳，举止典雅大方，才华经天纬地，美貌国色天香。赞布预见，若与文成公主联姻，吐蕃不仅可以因此而得到作为陪嫁的释迦牟尼12岁等身金像，还可凭借这尊佛像的加持神力，一字不漏地获得汉唐的所有佛经。

次日早朝时，大臣屯米桑布札与噶尔东赞前来向陛下请安。赞布吩咐侍从给两位爱卿备上御酒。杯来盏往之间，赞布向两位大臣说起昨晚的托梦："我昨晚梦见两位具足诸种相好的女子，一位是羞花闭月的尼泊尔白公主，一位是落雁沉鱼的汉唐绿公主。"屯米情知这是陛下凭借神光之所见。

两位大臣启奏赞布道："恭请陛下不要把昨晚的托梦告诉其他任何人，迎娶两位公主的事就让臣下二人去筹办好了。"

大臣噶尔东赞随即传令召集七座城邑的首领，命他们于次日日出时分，每人携带一份贽见礼前来卧塘湖畔，在草地与山林交界处的沙洲藤苑议事。

翌晨拂晓，大臣噶尔东赞玉桑、屯米桑布札与智赛日贡敦（འབྲི་སེ་རུ་གུང་སྟོན།）、觉绕巴桑（ཅོག་རོ་དཔལ་བཟང་།）、拉隆巴桑（ལྷ་ལུང་དཔལ་བཟང་།）、琼布巴桑（ཁྱུང་པོ་དཔལ་བཟང་།）、涅斯钦（སྙགས་ཟུར་ཆེན།）等七位首领聚会在一起。他们把各自带来的礼物集中到了一块，其中有两人带来两只羊后腿，两人带来两只羊前腿，另两人一个带来了前胸，一个带来了后脊，还有一人带来的是羊脖子，合起来便是一只全牲。大臣屯米桑布札对此大为赞赏道："诸位首领带来的礼物再好不过了，这是个好兆头，这七样礼物斤两虽少，但寓意非同寻常啊！"接着他又作了一番吉祥赞辞。

大臣噶尔说:"这小小的七样礼物所寄托的宏愿,就是要迎娶西方尼泊尔国的'白女'公主和东方汉唐之地的'绿女'公主为赞布陛下的后妃。"各位首领经商议,一致赞同迎娶这两位公主。随后,他们又去向赞布请示迎娶二位公主的相关事宜。

赞布降旨道:"善哉!善哉!我意欲在孟秋(藏历七月)初八,太阳初照红山时,派百人使团出使请婚。携金币一百作为向尼王请婚的贽见礼,带沙金一升作为聘礼,那件用天神珍宝镶嵌而成的金铠甲作为给公主的彩礼,再给尼王陛下献上一件珠宝璎珞披风,敦请尼王把赤尊公主嫁给雪域赞布。尼王若再三悫然推辞,你们就将这三个金、银、铜函匣依次递上。在往返的途中,你们要不停地念诵金光众生主母(白度母)的名号,这样方可保你们马到成功,顺利归来。"

迎请汉唐公主的使命,仍然由百人请婚使团承担,要带的聘礼与尼泊尔公主一样。要是汉唐皇帝一再愤然不允,就同样把三个金、银、铜函匣依次呈上就是了。在往返途中,要不停地念诵至尊绿度母的名号,这样你们便可大功告成。

随后,大臣们就先迎娶白、绿哪位公主的事宜又商量了一番,最后决定先行迎娶"白公主"。一切准备就绪后,请婚使团依照赞布的旨意,如期启程上了路。

请婚使团抵达尼泊尔后晋见了尼王。大臣噶尔将金铠甲等请婚礼物奉献于尼王座前,并亲手把珠宝璎珞披风披在尼王身上。接着,由大译师屯米桑布札翻译,大臣噶尔启奏尼王道:"吉吉(发语词),尼王陛下,这件金铠甲具有无量功德,当人畜瘟病流行时,只要穿上它绕城一周,即可祛除瘟病;若穿上它出征疆场,就能所向无敌。我受赞布之托,把这件举世无双的神奇宝物献上,恳请国王陛下恩准把赤尊公主嫁给我边鄙吐蕃赞布。"

尼王面带愠色地说:"阿巴(感叹词),尔等吐蕃君臣不知天高地厚,婚嫁岂能靠聘礼?我比你们的赞布强百倍。我尼国自饮光佛时就有善法,还有无数佛像、佛经和佛塔等应供之所依;早在讫栗枳王(ཀྱལ་བོ་ཀྲི་ཀྲི།译注:迦叶佛之父,又称饮光佛)在位时就已摒弃了十不善,颁行了金轭般的十善王法;我尼国炊烟不曾间断,锅底未曾朝天,欢歌不绝于耳,吃穿享用不完。你们吐蕃饿鬼城(ཟི་ད་པུ་རི།)之王哪有这一切?岂堪与我攀亲!再说,在你们那没有法度的地方,暴行肆虐,弱肉强食,民不聊生,我岂能把公主嫁给你们的赞布。你们还是先回去回禀赞布,问他能否弃十恶从十善,颁行金轭般的王法,信奉绫结般的佛法。若能做到,我就把赤尊公主嫁给他,否则,休想与公主成婚。请他答复后再说吧!"

大臣噶尔又奏道:"国王陛下,尼蕃相距遥远,若是为了这一问一答而往返奔走于崇山峻岭之间,岂不就耽误了迎娶公主的大事?我这里有赞布捎来的信函,呈请陛下过目。"大臣噶尔说着先将金函匣递上。

尼王打开金函匣一看,一封蓝纸金粉书写的尼文信函上写道:

吐蕃赞布松赞干布致尼泊尔国王陛下:

我松赞干布出身王族非劣种,我吐蕃王统可上溯到先王

第十章 迎娶赤尊公主

南日松赞、聂墀赞布、释迦王族、众敬王族直至光音天之子具力和力友。陛下借故说我无有王法，有了王法才肯嫁予公主。既然如此，我可即刻变化出化身五千，一日之内在雪域吐蕃建立王法。陛下难道对此不感到惊奇吗？你要是执意不肯嫁给我公主，我的化身大军将把尼国夷为平地！

尼王看完信后暗自诧异，心想这边鄙吐蕃之君，竟然料事如神，我问使臣的话，他竟在捎来的信函中做了答复。这个化身君王看来不怎么好对付。

尼王身为国君，毕竟气度非凡，他又对吐蕃使臣说："作为一国之君，仅有王法不足为道，还应有善法，要能使自他尽皆成佛。故须造立身、语、意之所依——佛像、佛经和佛塔并虔诚供奉之。对上师、僧侣和善知识也要侍奉供养。否则，众生将始终轮回于地狱，受苦受难永无出头之日。我早在饮光佛时起就有了奥妙善法，你们的赞布若能开创崇信奥妙善法之风尚，我就把公主嫁给他，否则便休想！你们还是回去领受了赞布的答复再来吧！"

大臣噶尔又将银函匣呈上并道："国王陛下，尼蕃相距遥远，若仅为讨个回话而往返奔走于途中，岂不耽搁了迎娶公主的大事！请陛下一阅赞布捎来的信函。"尼王打开银函匣，见一封青纸银粉书写的尼文信函上写道：

吐蕃赞布松赞干布致尼王陛下：

我松赞干布乃西方极乐世界号称法身无量现，或称怙主无量光，或称无量寿佛的弟子大悲观世音菩萨的受身。陛下以我无善法为由而拒人千里之外，既然你如此崇信善法，有了善法才肯嫁予我公主，那么我可随时变化出无数身、语、意之化身，立刻建造出一百零八座寺庙，且座座寺庙的山门都朝着你尼国而开。我可一日之内开创崇信佛法之风尚，陛下对此难道不感到震惊吗？你若依然执迷不悟，我的化身大军将踏平你的国土。

尼王读完信后，心想要是果真如此，吐蕃赞布岂不胜我一筹吗？我问请婚使臣的话，他竟在捎来的信函中一一做了答复。尼王对此不免有些惊惶不安。虽说他此时心里已默许了公主，可嘴上还是不肯答应。

尼王毕竟气量非凡，他故作镇静地又对吐蕃使臣说："你们赞布口气还真不小，这没什么了不起！作为一国之君，当有取之不尽，用之不竭的财富。我尼国自讫栗枳王那时起，就炊烟不断，万姓胪欢，物阜财丰胜过财神多闻子（རྣམ་ཐོས་ཀྱི་བུ།）。如若你们的赞布也能像我一样富有，我就把公主嫁给他，否则恕不应允。你们还是回去奏明赞布后再说吧！"

大臣噶尔又递上一只铜函匣说："吉吉，国王陛下，要是如此往返传话，来回长途跋涉，那何时才能与公主结百年之好呢？还是呈请陛下看看赞布捎来的信函是怎么答复的吧！"

尼王取而视之，见一纸蓝色的信笺上，用金、银、铜粉写着尼文道：

吐蕃赞布松赞干布致尼王陛下：

我的父王南日松赞采金于才邦山，挖银于拉堆山，掘铜于昌布山，炼铁于慈嘎山，还在北方的拉措湖发现了盐；他驯野牛为牦牛，驯马鹿为黄牛，驯野羊为绵羊，驯麝獐为山羊。我雪域之地五谷丰登，六畜兴旺，衣食宽裕，财货充盈。你说你富埒财神，却说我一贫如洗。既然你嫌贫爱富，一心想把公主许配个大富翁，那么我可随时变化出六个百万又五千个十万之众的化身，来受用五千种各不相同之色、五千种各不相同之声、五千种各不相同之香、五千种各不相同之味、五千种各不相同之触；我可让苍天普降五谷之雨，让大地遍流如意牛奶；我可打开雪域丰富的宝藏，让你尼国也有赖于我吐蕃的金银财宝。你难道对此不感到震惊吗？你若还不肯把公主嫁给我，我的化身大军就让你山河破碎！

阅毕信函，尼王大为震惊，心想自己问吐蕃使臣的话，他竟然在捎来的信函中一一做了答复。吐蕃赞布不仅通晓尼文尼语，且对我与请婚使臣会见的情景犹如亲眼所见一般，看来他果真是化身。与之相比，自愧莫如啊！我要是不把公主嫁给他，他定会率化身大军亲征，破我城池，毁我江山，终将掳我公主去也。

想到这些，尼王随即招来公主问道："儿啊，你愿嫁给吐蕃赞布松赞干布吗？"

公主回禀道："孩儿不愿远离父王母后，去那既无王法，又无佛法，更无富贵荣华的边鄙之邦！"

尼王说："这可于事无益，你要是执意不肯嫁到吐蕃去，必将招致吐蕃赞布率化身大军来犯，到那时毁了江山杀了我，最终还是要掳走你。如此看来，倒不如早作出嫁的准备为宜。"

既然非得远嫁吐蕃不可，光明女神白度母的化身赤尊公主启禀父王道：

吉吉父王听我说：
人称吐蕃旃陀罗（གདོལ་བའི་རིགས།）[1]，
边鄙荒凉不开明，
佛与菩萨未莅临。
没有积福之所依，
更无僧宝辅王君，
不知有为无为法，
蒙昧犹如坠烟云。
嗔恚成性吐蕃人，
似是罗刹之子孙，
言语轻妄心不正，
尽皆旁生猕猴种。
若要孩儿去吐蕃，
启请父王赐予我，
弥勒、度母、金刚佛，
让我供奉积福德。
人说吐蕃饿鬼城，
遍地哀鸿嗷嗷声，
启请父王赐予我，
财货珍宝享终生。

---

[1] 旃陀罗：古代印度社会四大种姓中最下一等种姓，包括铁匠、屠户、渔户、纺织工和盗匪等。

雪域吐蕃卡瓦坚，
冰峰雪岭不胜寒，
启请父王赐予我，
和衣暖袄穿一生。
孩儿此去异邦国，
种族不同风情殊，
启请父王告诉我，
为人处世应如何？

父王然那迪巴（རབ་གྲུབ་ག 意为天宝）道：

掌上明珠似明眸，
且听父王告诉你：
雪域吐蕃乃胜境，
山高水长地秀灵，
雪峰好比盘羊颈，
冷暖清凉最宜人，
胜似天界无量宫。
四江飞泻奔流急，
四海旖旎风光丽，
群山处处埋宝藏，
沃野千里翻金浪，
六畜兴旺五谷香。
吐蕃众生非旁生，
天神降凡做人君；

虽无四众佛弟子,
万民皆系菩萨种;
虽无我佛之善法,
赞布律令治天下;
虽无僧宝座上宾,
赞布其人即化身。
孩儿若愿去吐蕃,
不动金刚赐予你。
此佛珍宝集大成,
檀越天王帝释天,
造立神匠工巧天,
加持开光薄伽梵。
世尊佛陀有道是:
"无论我住或我灭,
住时顶礼真身我,
灭后供奉替身佛,
此其别无二致也。"
欲得洪福应供佛,
为获无量之功德,
父王愿将金刚像,
赐予爱女作供养。
天成弥勒转轮佛,
世尊亲自加持过,
赐你供奉积功德,
来世转生莲座侧。

天成旃檀救度母,
殊胜可救八畏怖[1],
能断诸垢得永净,
能证诸德成全觉,
此像赐你作赔奁,
供我娇儿积福德。
若问处世应如何?
眼界要宽似苍穹,
举止要轻似涓流,
气度要高似须弥,
笑靥要美似睡莲,
贞操要牢似绫结,
待人要柔似素绢,
言辞要绵似唐帛。
康健要安似灵丹,
理财要勤似家鼠,
亲情要黏似胶漆,
宽容要博似沧海,
耐心要稳似大地,
做事要快似闪电,
干净要洁似白莲。
待宾客要像侍从,
对下属要像亲朋,

---

[1] 八畏怖:八种怖畏,即八难,狮难、象难、火难、蛇难、水难、牢狱难、贼难和非人难。

> 礼贤哲要像至尊,
> 爱子民要像母亲。
> 行善要像放歌喉,
> 疾恶要像避蛇蝎,
> 信仰要崇信善法,
> 绮语要缄口莫言,
> 敬信要敬信三宝,
> 饮食要节如服药,
> 利他要视如命根,
> 心灵要明如星辰,
> 日常要早起晚睡,
> 做事要善始善终。

"孩儿若能依照父王的嘱咐行事,即合天理,又合人伦矣。父王愿将七座宝库中的财货珍宝,满载七头大象送你作陪奁,还将赐予你各种工巧之术和神妙器具以及众多的工匠仆从。我还要亲自为你选定最好的商贸市场和通商口岸。孩儿啊,从今往后不要再依恋家乡,厮守故土。你此去雪域吐蕃,要弘扬善法,辅佐赞布,四面遍修三宝之所依,八方广造释迦牟尼像,要弃恶扬善,使万民爱戴。"

尼王为女儿备好嫁妆后亲自为她送行。公主骑着大象,手秉旃檀度母像,随行携带着不动金刚像、弥勒法轮像和《白莲华经》等各种佛经以及五部陀罗尼,还有众多的工匠、仆从和七头大象驮载的财货珍宝。尼王一直把公主送到了尼蕃交界的地方。

当公主一行走到水流湍急、山路崎岖的地方时，公主也不得不徒步跋涉。到了门隅（བང་ཡུལ་）[1]后，公主换乘白骡，佛像、佛经和佛塔转由七头牦牛驮载，七头大象驮载的财物由五百匹骡马来驮运。

经过千山万水的长途跋涉，赤尊公主终于在红山宫与赞布松赞干布相会。

此情此景，依十方诸佛与众菩萨之所见：大自在大悲观世音菩萨为弘传佛法，自普陀山亲临雪域吐蕃化身为此方君主；而光明度母则化身为赤尊公主，携三尊圣像千里迢迢来与赞布相会。赞布与公主会面时，浑身光芒四射，遍照雪域，刹那间使所有吐蕃众生获得了犹如金刚断除一切烦恼的三昧（ཏིང་ངེ་འཛིན།）[2]之胜乐。

依众天神之所见：赞布与公主伉俪二人，浑身华光灿烂，身旁围绕着无数菩萨，每个菩萨的身边又围绕着无以数计的弟子，他们都在凝神聆听着善法妙音，尽情享受着闻、思、修（ཐོས་བསམ་སྒོམ་གསུམ།）[3]之乐。

而在平常人们的眼里：赞布松赞干布与尼妃赤尊公主喜结良缘，两人互相编发辫，交杯喝着肉汤美羹，换盏饮品，不时还在一起玩"抓骨臼"（གཡེང་གི་རིལ་བུ།）。伉俪二人耳鬓厮磨，两情缱绻。

婚后不久，公主发现赞布在宫中总是守在十一面蛇心旃

---

[1] 门隅：门巴族聚居区，地处西藏山南市所属错那县境内。
[2] 三昧：禅定、等持，梵音译作三摩地，略作三昧。于所观察事或所缘，一心安住稳定不移的心所有法。
[3] 闻、思、修：从他听闻，心有领会为闻；依教依理如法思考所闻义理，生起定见为思；反复熟练如是闻思所生定见，去除疑惑为修。

檀观世音像旁,甚至连一箭开外都不肯离开。仪容伟岸,神奇超凡的夫君,怎么会如此胆小怕事、规行矩步呢?她本想问问明白,又因赞布虽能听懂她的话,她却听不懂赞布的话,故欲言又止。公主窃以为赞布这是怕外敌来犯,自己应设法让他放下心来。

赤尊公主珠光宝气地打扮好后,又在额头上缠了一条白绫带,然后在面前摆了一只从尼泊尔带来的钵盂祈祷起来。不一会儿,钵盂中变出各种各样的琼浆玉液和五花八门的美味佳肴,公主把这些东西统统贿赂给了男女夜叉,役使他们动工扩建红山宫。

依山就势扩建的红山宫,俨然是一座雄伟的城邑。一道砖砌的四方城墙围绕着红山,虎狮二山(སྟག་རི་དང་སེང་རི)雄踞其中。这道城墙长约一由旬(约合二十华里),高三十四(原文无量词),相当九层城堡那么高。九百九十九幢砖砌的红宫殿宇,雕梁画栋美不胜收,飞檐翘角金碧辉煌,牌坊耸立蔚为壮观,其景观胜似天界之境;那一行行薄拘罗与如意树绿荫掩映,一排排白银镶嵌的窗棂上悬挂着珍珠璎珞,一串串銮铃随风摇动发出阵阵悦耳的声响,其景观一如人间之境;赞布数以千计的宫舍居高临下,宫顶上旗杆林立,彩幡飞扬,其景观犹如令人望而生畏的罗刹之境。这座城邑易守难攻,即使四方邻国举兵来犯,只需兵卒五人,一人在赞布宫顶瞭望,其余四人各把守一面城门,即可御敌于城下。

在赞布宫殿的正南上方,建有一座粟特人(སོག་པོ)建筑式样的九层后妃宫殿,其规模之大与赞布的宫殿不相上下。其内里胜似天界无量宫,外观犹如罗刹楞伽城。赞布与后妃的宫殿之间,飞架着一座金银桥。

在宫殿的东门外,建造了一处赞布的跑马场。其深有两人高,宽十八庹,长三百庹。地基是用陶土、砖块和木板一层层铺成的,跑道两壁的栅栏上涂了色,上了漆,还装饰了许多珠宝,甚是富丽堂皇。跑起马来,一马奔驰便有万马奔腾之势。马蹄声声,一阵清脆悦耳,犹如会诵"四谛"(བདེན་བཞི།)[1];一阵铿然作响,仿佛宣说"法印"(བཀའ་རྟགས་ཕྱག་རྒྱ།)[2]。

在这座宫宇叠砌,气势巍峨的城邑之中,宝库充盈,衣食丰裕,应有尽有,一派升平景象。

城堡的东门叫"虎门"(སྟག་སྒོ།),南门叫"豹门"(གཟིག་སྒོ།),西门叫"昂告门"(དབང་སྒོ།),北门叫"嘉冒赤告门"(རྒྱ་མོ་འཕུལ་སྒོ།)。

红山宫的如此情形及君臣事迹,在逻些幻显神殿西侧的墙壁上绘有壁画。

迎娶赤尊公主之第十章竟。

---

[1] 四谛:释迦牟尼初转法轮所说总括一切生死涅槃因果、应取舍事之四圣谛,即苦谛、集谛、灭谛和道谛。此等四法,于圣智前,确定谛实,无错乱故,名四圣谛。
[2] 法印:印证佛语的三种标帜,即诸法无我、诸行无常和有漏皆苦。

第十一章　迎请文成公主

继蕃尼联姻之后，大臣们又启请赞布迎请东方汉唐女文成公主（ཧྭ་ཅིག་ཨོང་ཅོང་།）[1]。

赞布松赞干布降旨道："命大臣噶尔率使臣百人赴东国京都迎请文成公主。携金币一百作为向汉唐皇帝（རྒྱ་བདག་ཀོང་རྩེ་འཕྲུལ་ཆུང་།）的请婚赘见礼；以金旺姆（གསེར་གྱི་བང་མིག）一百作为请托献礼；把那件上上等金袍献给皇帝御着；将那顶功德殊胜的红莲宝石穗吠琉璃头盔，作为文成公主的身价金献给皇帝陛下。再带上这三只函匣，当陛下向你们借故发难之际，就依次递上，呈请他过目即可。你们在往返途中，要不停地念诵度母名号，且要避开乌鸦盘旋噪鸣的地方，如此可保一路顺风，马到成功。"

请婚使臣临行时还将赞布的敕谕、使臣各自的分工及行程路线编成了歌谣。这便是吐蕃最早的歌谣。一路上他们还编了"山高路险歌""斗智游戏歌""辨认公主歌"和"禳灾

---

[1] 文成公主：唐太宗之宗室女。641年，大臣禄东赞奉命使唐请婚，迎娶文成公主与松赞干布联姻。文成公主出嫁吐蕃时随行携带了不少唐时的生产技术和医药、建筑、算历、艺文、法律、佛经等典籍以及释迦牟尼12岁等身金像一尊。文成公主在吐蕃三十多年，为吐蕃经济、文化发展作出了特有贡献，为汉藏人民友好往来谱写了一曲千古绝唱的动人篇章。

送祟歌"等歌谣。

当吐蕃请婚使团抵达汉地"万门城"（ གྲོང་ཁྱེར་ཁྲི་སྒོ་ཅུགས་པ། 即长安城）时，天竺佛法之王的请婚使臣百人，大食财宝之王的请婚使臣百人，巴达霍尔之王的请婚使臣百人（译注：原文在此处将霍尔部遗漏），冲木格萨尔军旅之王的请婚使臣百人已先行到达汉唐京都。加上吐蕃的请婚使臣百人，计有不同种族的五百请婚使臣汇集京都。天竺、大食、霍尔、冲木格萨尔等各路请婚使团献礼之后，分别受到皇上的接见和款待。吐蕃使臣一到京都，就托请唐丞相敬献金旺姆一百，请求晋谒皇上。不料皇上轻视吐蕃使臣，迟迟不肯接见。

七天之后，吐蕃使团方得晋见皇上。大臣噶尔率众行毕一应大礼，向皇上敬献了一百金币贽见礼，并将上上等金袍和吠琉璃宝盔献上之后，经译师启奏皇上道："皇上陛下，我边鄙吐蕃赞布松赞干布托献的这顶吠琉璃宝盔，出征疆场时，戴上它就能所向无敌，战无不胜；瘟疫流行时，戴上它绕城郭行走一圈，瘟疫便会自然消除；若遇霜雹灾害，戴上它沿阡陌而行，即可化灾荒为丰收。兹将这一南赡部洲无与伦比的宝物献上，启请陛下恩准把文成公主嫁给我边鄙吐蕃赞布松赞干布。"

大臣噶尔奏毕，皇上及其臣僚哗然大笑。皇上说："边鄙吐蕃之君所见差矣，他怎能与我等量齐观呢？我自饮光佛至今王统长盛不衰，你吐蕃赞布岂堪与我攀亲！夫君王者，须具备佛法与人法（ མི་ཆོས། ）。应弃十恶之不善，立十善之法如金轭，守佛法教规似绫结。然而，你们的君主却没有这一切。请问你们的赞布阁下，他能在吐蕃之地摒弃十恶孽障，颁行十善之法，奉行佛法与人法吗？若能则予公主，否则休想。虽说你们远道而来，不过还得请你们回禀赞布后再来答复我。"

大臣噶尔揖礼奏道："皇上陛下，若要臣下为这一问一答而千里迢迢往返奔走于唐蕃两地之间，迎请公主的大事还有望办成吗？我们的赞布有捎给陛下的信函在此，呈请陛下过目。"噶尔说着将一金函匣奉上。皇上打开函匣一看，一封用东国（ཤོང་ཁག）[1]汉文书写的金字蓝纸信函上写道：

边鄙吐蕃赞布松赞干布致汉唐东君皇帝：

陛下言称不足与我结百年之好，殊不知我乃出身光音天神之子具力和力友、众敬王、释迦王族、吐蕃先王聂赤赞布、拉妥妥日年谢、南日松赞代代相传之王族。陛下苛责我吐蕃无王法，你若如此看重法度，并以此作为许配公主的条件，我松赞干布随时可变幻出化身五千，一日之内即可颁行王法，倡兴佛法于吐蕃域内，陛下以为如何？你若是执意不肯嫁予我公主，我的化身大军将踏平你的国土。

皇上看罢信后，心想这边鄙吐蕃赞布竟然用他捎来的信函，答复了我对其使臣的发问。看来这位化身之君还真有点不好对付。

不过皇上毕竟气度非凡，他又镇定自若地对吐蕃使臣说："你们的赞布不应对朕出言不逊。要知道君临天下，仅有法度尚不足为道，当依妙善正法之道，使自他一切众生无一而余

---

[1] 东国：东方之国、东方君主的藏语变音。

尽皆成佛。为此须造立身之所依——佛像,语之所依——佛经和意之所依——佛塔,供养佛、上师和善知识,宣说、听闻、禅修奥妙正法,正确解读佛经。还要广遍赈济贫民,祈福禳灾,救死扶伤,息事宁人,除暴安良。若没有如此善根利乐事业,芸芸众生只有轮回于地狱,挣扎在无边无际的苦海之中而永无出头之日。我自饮光佛时起就有了奥妙精深之佛法,而你们至今还无有。若吐蕃也能开崇佛之举,我便俞允赐予公主,否则休想。还是请你们先回去回禀赞布后再来答复我吧!"

"皇上陛下,若是仅为这一问一答,就让我们长途跋涉于唐蕃之间,岂不就耽误了迎娶公主的大事!"噶尔说着又将一银函匣递上,呈请皇上过目。

皇上从这只银函匣中取出一封蓝纸金粉书写的汉文信函,信上写道:

吐蕃赞布松赞干布致汉唐皇帝陛下:

我松赞干布正是西方极乐世界无量光佛,又称阿弥陀佛或称怙主无量寿佛的弟子大悲观世音菩萨。我在无数劫的往昔宿世,从地狱的苦难中救度出无以数计的众生,并将彼等送达一去永不复返的佛国乐土和菩萨十地,使之从轮回的无边苦海中获得拯救解脱。陛下的所见所闻,岂堪与我的所作所为相比。

我曾以大慈大悲观世音菩萨之化身驻锡于圣地普陀山时,观见生息繁衍在雪域吐蕃的诸有情,在六道轮回中不是变旁生猕猴、岩罗刹女,就是变飞禽走兽、鬼众八部之类,尽皆纷纷坠入三恶趣,倍受轮回之苦,就像水往低处流,永远不能再回头。见此情状，我心生悲悯，禁不住两眼潸然泪下，从右眼滴落的泪珠化为白度母，从左眼滴落的泪珠化作绿度母。那白度母投胎化身为尼泊尔迪巴帕拉王的公主尼妃赤尊。尼王不但把赤尊公主嫁给了我，还陪嫁了丰厚的嫁奁。如今，我正在与尼妃赤尊共举益利吐蕃众生之大业，而绿度母的化身正是令爱文成公主。这两位公主与我有夫妻姻缘，而与其他君王概无缘分，故理应嫁之于我。

陛下借故我吐蕃佛法未兴而不予公主，若陛下果真以此为由，我可即刻幻化出十万身之化身，百万语之化身，千万意之化身，立时造立无数佛像、佛经和佛塔，并为你建造一百零八座寺庙，且座座寺庙的山门都朝你东方汉唐而开。你要知道我的身形变幻，一可化众，众可归一，时而只身独面，时而千手千眼乃至变化无穷。我可在吐蕃域内一日之间倡兴佛法，这难道还不足为奇吗？陛下要是仍借故不予我公主，我的神变化身大军将挥师进兵汉土！

阅毕信函，皇上仍不以为然，否则自己岂不低他一筹吗！转而又想，我问及吐蕃使臣的话，吐蕃赞布竟能在他捎来的信函中一一作复，心下不免有些惶惶然。这时，皇上虽已有意与松赞干布联姻，但口头上仍未答应。

皇上毕竟度量非凡，他又对吐蕃使臣说："你们的赞布口气真不小，但这无济于事。身为一国之君者，须拥有取之不尽、用之不竭的财富。朕自讫栗枳王迄今，炊烟不断，衣食丰足，国泰民安，富埒多闻天王。而你们吐蕃饿鬼城之王却一无所有。要是你们的赞布也能和我一样富有，我就嫁给他公主，否则休得妄想。请你们还是先回去回头再说吧！"

大臣噶尔又奏道："吉吉，皇上陛下，唐蕃两地相距遥远，往返一趟就得十三四个月，若是仅为这一问一答而奔走其间，哪里还有迎娶公主的时间？恭请陛下一阅我们赞布捎来的这封信函。"

皇上接过噶尔递上的铜函匣打开一看，一封蓝色的信笺上用金、银、铜粉书写的汉文信函上写道：

吐蕃赞布松赞干布致汉唐皇帝陛下：

　　陛下与尼泊尔国王异口同声都自称与讫栗枳王一脉相承，并沿袭继承了其教派、法度及财富。虽说尔等都是讫栗枳王的宗嗣，可讫栗枳王那时的法度、财富以及饮光佛所开创的教派早已不复存在，更何况那时人寿能享两万年。时光已去如此久远，足见二位人主所言之谬矣。

　　及至人寿百年之际，方有净饭王、胜光王、影胜王等所立王法，始有释教问世。时至今日，胜光王、影胜王、世尊释迦牟尼等已去世两千多年了，况且彼等的财富、受用皆来自其各自所积之福德，故劫初先王的王法、教法及财富，怎么可能给二位君王遗留至今呢？

　　至于陛下说我既无王法，又无信仰，更无财富，殊不知我所信奉的正是世尊释迦牟尼所开创的教法。世尊乃千佛之最，三十五佛（སུམ་ཅུ་སོ་ལྔ།）之首，七佛（རབ་བདུན）[1]之冠，

---

[1] 七佛：毗婆尸佛、尸弃佛、毗舍浮佛、拘留孙佛、迦那迦牟尼佛、迦叶佛和释迦牟尼佛。

药师八佛（སྨན་བླ་མཆེད་བརྒྱད་）[1]、谷如八号（གུ་རུ་མཚན་བརྒྱད་）[2]、五部六佛（རིགས་ལྔ་ཐུབ་དྲུག）[3]、三世诸佛（དུས་གསུམ་སངས་རྒྱས་）[4]中唯他至尊。正因为世尊释迦牟尼至高无上，我才信奉他所创立的善法。

我父王南日松赞开采金、银、铜、铁于才邦、拉堆、昌布和惹嘎山，从北方拉措湖发现了盐。他那时驯野驴为骡马，驯野牛为牦牛，驯鹿为黄牛，驯野羊为绵羊，驯麝獐为山羊。耕作稼穑，种植五谷，财宝充盈，衣食丰足。陛下自以为富埒天神，却说我一无所有。既然你嫌贫爱富，并以富有作为许嫁公主的条件，那么，我可随时变化出千百万个化身，再变化出色、声、香、味、触等五花八门、无以数计的财富来受用；我可让五谷云雨铺天盖地，让如意奶牛漫山遍野；我可打开山山岭岭的宝藏，让你大唐的金银财宝之需也有赖于我雪域吐蕃。难道这还不足为奇吗？要是陛下仍执意不肯嫁给我公主，我将率神奇而不可思议的化身大军征服你汉唐天下！

阅毕信函，皇上暗自忖度，我问吐蕃使臣什么，吐蕃赞布就在他捎来的函匣中答复什么。他未曾到过我大唐之地，却通晓汉文汉语，莫非他果真有幻化神通！看来吐蕃赞布言

---

[1] 药师八佛：释迦佛、药师佛、通慧王、诵经海佛、无忧胜吉祥佛、妙金无垢佛、妙音王和妙相遍吉祥佛。

[2] 谷如八号：宁玛派对莲花生常用的八种别号，即释迦狮子、莲花生、日光、狮子吼、忿怒金刚、莲花金刚、莲花王和爱慧等八种名号。每一名号前均冠以"谷如"（上师之意），故名。

[3] 五部六佛：即五部佛与六能仁。五部佛为不动佛、宝生佛、无量光佛、不空成就佛和毗卢佛；六能仁为妙观、顶髻、一切救、拘留孙、羯诺迦牟和迦叶。

[4] 三世诸佛：过去燃灯佛、现世释迦牟尼佛和未世慈尊怙主弥勒佛。

第十一章　迎请文成公主

必信，行必果。要是果真如此，我与他相比岂不小巫见大巫了吗？皇上越想越发惶遽不安，竟突然昏倒在宝座上。左右侍臣见状，急忙用檀香净水洒面，前呼后拥着扶驾回了寝宫。

皇上次日苏醒后心想，看来文成公主非得嫁到吐蕃去不可了，但不妨再商量商量。于是他召集皇后、太子和公主，一起商量公主究竟嫁给哪位君王为好。

皇上以为大唐佛法来自天竺，而佛法能使众生二障清静，二智圆满，所以公主应嫁给大恩大德的天竺佛法之王；皇后的意下是要把公主嫁给大食财宝之王。她说如果君王没有财宝，那他与乞丐有什么两样？大食国不仅有多闻天王的珍宝山，还有一处方圆七天路程之大，遍地都是奇珍异宝的地方。大食财宝之王最富有，公主理应嫁给他；皇太子忿然道，吐蕃强寇败我军旅，戮我将士，掠我河山，我与吐蕃势不两立，断然不可与之联姻！常言道："水来土掩，兵来将挡。"要想强兵盛国，公主就应嫁给巴达霍尔之王；而公主自己则说，人生一世，终身伴侣为要。冲木格萨尔王威武英俊，和蔼可亲，刚柔相济，文武兼备，小女愿与他缔结良缘。冲木格萨尔王仪表非凡，倍受公主倾慕，他本人应公主之邀，此番也亲自前来求婚。

当时各路请婚使臣纷纷扬言，要是不把公主嫁给他们的君王就将如何如何：霍尔说要兵戎相见，大食说要火烧京都，天竺说要放咒降灾，冲木说要引水淹城云云。一时间，五百使臣大闹京城。也有人说，各路人马足有上千余之众。

皇上、皇后、太子和公主再三商议，还是莫衷一是。不过议来议去，竟无一人乐意把公主嫁给吐蕃赞布。皇上见定夺不下，只好降旨道："夫君王之道，不得有亲疏远近之分，还是请各路使臣一比智慧高下，谁能获胜，就把公主嫁给他们的君王！"于是就让各路请婚使臣开始比试智慧。

皇上先是拿出一颗拳头大小的璁玉。这颗宝玉两侧开孔，中间有一条细小而弯曲的蛇形孔道。皇上说，谁要是能把丝带系在璁玉上，就把公主嫁给他们的君王。

大臣噶尔当即表示，既然尔等四路使臣妄自尊大，且倍受皇上青睐，就先看看你们的本事吧。天竺、大食、霍尔、冲木等国的四百使臣，不分昼夜地用锥、针、签、绳、鬃、线来穿丝带。他们人人都过了几遍手，足足花费了好多时日，直到把这颗璁玉磨得像口中含过的冰块似的，也未能把丝带穿过去。无可奈何之下，只好把它交到吐蕃大臣噶尔的手中。

其实，大臣噶尔早有所料，他事先捉了只蚂蚁，把它放在盒子里精心喂养。这时他用一根细细的丝线，一头系在蚂蚁的腰上，另一头拴在丝带上，并在璁玉另一侧的小孔旁放了一小碗羊奶。噶尔小心翼翼地将这只蚂蚁放入璁玉一侧的小孔，然后徐徐吹气，蚂蚁被气流吹着一个劲地沿着璁玉的蛇形孔道往前爬，不一会儿，就从小孔的另一侧爬了出来。噶尔解开蚂蚁身上的丝线放生了它，尔后用穿过来的丝线小心翼翼地拽拉丝带，不一会儿，丝带就穿在这颗蛇形孔道的璁玉上了。

这次比赛，其他各国使臣谁都没有比过吐蕃使臣。大臣噶尔随即请求皇上许嫁公主，皇上借故推辞说："仅此不可，还得比试。"

一天傍晚，忽然阵阵鼓声传来，礼宾侍女告诉各路使臣

第十一章　迎请文成公主

说，这是皇上传召各路请婚使臣进宫，请速速前往。其他四国使臣闻风而动，急忙赶往皇宫。唯独吐蕃大臣噶尔感到此事有些蹊跷，心想其中必有文章。他率众动身时，在住所门楣上用朱砂画了一柄金刚杵，又在门前画了一个"卍"字标记，还在沿途路过的门户上逐一做了记号。大臣噶尔赶到皇宫时，其他四国使臣已得意扬扬地就座上席，姗姗来迟的吐蕃使臣只好委身末座了。

原来这是皇上有意安排的一场酒宴。酒宴临结束时，皇上宣布道："请各国使臣回官邸歇息，谁要是不迷路，能找到自己的住所，就把公主嫁给他们的君王。"

其他各国使臣醉醺醺地一离开皇宫就迷了路，他们四处跌跌撞撞，怎么也找不到自己下榻的官邸。吐蕃大臣噶尔则手提灯笼，让弟兄们手拉手紧随其后，一路沿着标下的记号顺利地回到了住所。

次日凌晨，皇上派人四处察看，结果除了吐蕃使臣回到了自己的官邸而外，其他四国的使臣全都迷失在街头巷尾。随后吐蕃使臣请求皇上兑现承诺，但未获准。

皇上又降旨道："我给你们各国使臣找了一件有酒有肉、可大饱口福的美差，哪家要是能按照我的要求按时干完这件差事，就把公主嫁给谁家的君主。"皇上接着又吩咐道："在各国使臣下榻的官邸，给每位使臣分一坛酒、一只羊，再派一名监督官。要你们一天之内把肉吃完，把酒喝光，把羊皮揉好，还要保持住所清洁，不得随地呕吐便溺。"

时辰到了后，经监督官视察，结果天竺、大食、霍尔、冲木等四国使臣，尽管人人都使尽了浑身解数，还是肉没吃完，酒没喝光，皮子也没揉好，反倒一个个上吐下泻，弄得庭院污秽不堪。

吐蕃大臣噶尔则让大家围坐成一圈，把每只羊宰了后煮熟分割成一百小块，然后传递下去，一只羊每人一次只能吃到一小块肉。就这样一百只羊每人没吃多少就被吃光了，剩下的只是羊下水。与此同时，他们接盏传盅，一坛酒每人一次只能喝上一口，酒喝光了尚不餍足。羊皮也是传着揉，一张羊皮一人搓、拉、揉、扯几下，从头到尾传一圈就揉好了。就这样，大家既没有醉酒呕吐，也无人吃撑了如厕，住所自然清洁如初。这时噶尔又提请皇上兑现承诺，但仍未获准。

接着皇上又下令赶来一百头骒马和一百头马驹，说谁要是能辨别出其母子关系，就把公主嫁给谁的君王。

各国使臣闻风而动，一哄而上，他们跑前颠后吆喝了好一阵子，也未能辨别清楚。

大臣噶尔则让随从一人抓住一头骒马，先将骒马和马驹区分开来，然后再给骒马喂草料。这样一来，骒马衔着草料去喂各自的马驹，其母子关系便一目了然。这时噶尔又启奏皇上道："这下该赐予我公主了吧！"可皇上还是没答应。

接下来皇上又说，鸡圈里有母鸡、雏鸡各一百只，谁能辨别出其母子关系就将公主嫁给谁家的君王。

各国使臣争先恐后直奔鸡圈，他们前扑后逮，直搅得鸡飞蛋打、尘飞土扬也没搞清一只鸡的母子关系。

大臣噶尔则乘混乱之机，从公主侍女的库房里偷了一篮子饲料，拿来撒在鸡架旁边。这时母鸡、小鸡都从架上扑腾下来，母鸡纷纷把食啄到喙边，咕咕咕地叫自己的鸡仔来吃。

第十一章　迎请文成公主

噶尔就这样轻而易举地将这群鸡的母子关系分得清清楚楚,但结果皇上还是不答应。

随后,皇上又出了一道难题:他命将一根两端一样粗细的木头放在各路使臣们的面前,说谁要是能辨认出这根木头的根梢,就将公主许配给谁的君王。

起先还是由其他四国使臣辨认。他们颠过来倒过去,直到把这根木头摸得滑溜溜的,也没能辨别出个根梢来,反倒越弄越糊涂,只好把它交给吐蕃使臣来辨认。

大臣噶尔让随从把这根木头抬到水渠中,然后从两端向下摁了几下,这根木头的根部稍许沉下,梢端略微浮上,根梢之分便一清二楚。噶尔再次请求皇上兑现承诺,仍未得到应允。

皇上又降旨道:"朕对尔等各路请婚使臣不能再有偏心了,故决定明日在皇宫大殿前,集中四百名长相与公主相像的妙龄女子,谁要是能在其中辨认出公主,就把公主嫁给谁的君主。"

大臣噶尔唯恐认不出公主来,所以早就有所准备。噶尔初来京都时,有意结识了一位文成公主的贴身礼宾侍女。他平素对这女子施以衣食饮用等小恩小惠,彼此混得挺熟。后来又贿赂给她一藏升沙金,并好言恳求道:"我要你把公主的相貌仪态和装束打扮如实说来。事成之后,公主嫁往吐蕃,我则留下来与你成亲好好过日子。"侍女说:"我们这儿有极善五行算者,而且十分灵验,要是被他占卜出来就有杀身之祸。"噶尔安慰道:"我自有妙法,可令其失算!"侍女说:"那就有请殿下先施法术,然后我再告诉你。"

大臣噶尔在一间屋子里用三块灶石支起一口大铜锅,锅里倒满了水并搁上红柳笼屉,又在笼屉上立了一口水缸,缸上罩了一个藤筐,在藤筐四周撒了些黑白杂花的鸡毛,然后让那侍女钻进缸里,用铜喇叭对着灶石说话。

侍女这才开口说道:"殿下走到那四百少女面前,先从前三排数过三百,再从最后一排数,数到第四十九和五十一之间的那位女子便是文成公主。公主她霓裳合体,身材匀称,肤色娇嫩,皓齿齐整。左颊掩莲影,右颊映月轮,具足智慧度母的一切相好。她芳体飘香,总有一只蜜蜂在身旁飞绕。此外,奴婢给公主梳洗打扮时,用黄丹粉在她眉间点了一个芥子般大小的圆点。殿下按我说的去找,准能一下子就认出公主来。你事先还得准备好两支系着彩带的彩箭,当你认准公主后,就用彩箭的箭笞搭住她的衣领,然后一边领着她走,一边口诵度母名号,公主便会随你而来。"

一切准备就绪后,大臣噶尔召集随臣训示道:"我们虽屡次与其他各国使臣比试都取胜赢得了公主,但屡屡未获皇上恩准。今皇上陛下降旨,说他身为崇佛尊法之国君,理应对各国请婚使臣一视同仁,故决定明日在皇宫大殿前列相貌相似的美女四百,谁家要是能从其中辨认出公主来,就把公主许配给他们的君王。若此话当真,我已心中有数,不过还得慎之又慎,以确保万无一失。我等要在因中暑而丧命之前,做好归返故土的准备。"

翌日清晨,大臣噶尔手持两只彩箭,携带一藏升青稞,与随行一起按时前往皇宫。届时,衣着相貌与公主十分相似的四百名美貌女子翩翩而至,列队于皇宫南殿前。当开始辨认挑选时,天竺、大食、霍尔、冲木等四国的使臣蜂拥而上,

第十一章 迎请文成公主

有的挑衣饰华美的，有的选姿色妩媚的，有的找眉飞色舞的，有的觅气质高贵的，他们各自都挑选了一位自以为称心如意的"文成公主"。

当轮到大臣噶尔挑选时，他在数百名婀娜多姿的美貌女子中，一眼就认出了文成公主。他悠然自得地走到公主身后，用花翎彩箭的箭笞紧紧勾住她的披风领口，公主回眸一笑，那红唇皓齿间飘散出白旃檀沁人心脾的馨香。

此时此刻，京都看热闹的臣民见此情景，一个个捶胸顿足地惊呼道："贤淑聪慧的公主被吐蕃人领走了！"

随后，皇上无可奈何地对文成公主说："孩儿啊，看来你非得远嫁吐蕃去不可了！"

公主启禀父皇道："若要孩儿上不见父母兄长，下不见亲朋好友，非去那既无佛法，又无王法，更无受用的边鄙之地，恕难从命。"

父皇连忙劝说道："既然事已至此，孩儿如此何益？那吐蕃赞布神通广大，无所不知，无所不晓，无所不能也。若招致他神变大军来犯，我大唐江山终将难保。到那时把你卖给人家也卖不上个好价钱，就是拱手相送也不落人情，不但父皇母后要人头落地，孩儿也终将身不由己。你看看那吐蕃使臣的所作所为，便可知其君主的神通之广大。你还是及早赴婚方为上上之策啊！"

第二天一大早，文成公主亲自带领四名贴身侍女前去拜会吐蕃使臣。礼毕，公主问大臣噶尔道："雪域吐蕃之地，可有褐色之土（指肥田沃土）？可有灌木之林（指森林树木）？可有马兰之草（指丰美水草）？可有豆粒之石（指沙金和珠宝)？"

噶尔回答说："应有尽有。"

公主又问："那么吐蕃可有'小可变大,少可变多'的东西？"（译注：指元根或蔓菁、芥子等农作物）。

"这些东西可没有。"噶尔回答说。

文成公主在她准备起程远嫁吐蕃之际,告白父皇道：

> 父皇要我嫁吐蕃,
> 母后随声来附和,
> 兄长言亦不由衷,
> 究竟这是为什么？
> 雪域吐蕃鬼地方,
> 神龙鬼魅之方域,
> 天寒地冻冷风袭,
> 冰峰犹如獠牙龇,
> 雪岭仿佛咒角抵,
> 荒山野岭无生机,
> 满目凄凉令人栗。
> 吐蕃之人旃陀罗,
> 生性野蛮未开化,
> 边鄙蒙昧之雪域,
> 不见菩萨的足迹,
> 不闻四众[1]有踪影,

---

[1] 四众：指比丘、比丘尼和优婆塞、优婆夷四众弟子,亦即僧和尼（出家的男女弟子）,居士和女居士（在家的男女弟子）。

第十一章　迎请文成公主

既无供奉之所依，
亦无积福之田地。
若要孩儿去吐蕃，
启请父皇赐予我，
本尊释迦牟尼佛；
吐蕃好比饿鬼城，
我要财宝享天年；
吐蕃胜似广寒宫，
我要穿戴够一生；
吐蕃仆人太任性，
好事生非不听用，
我要亲信五百名；
吐蕃佣人不洁净，
我要自己带仆从。
父皇要是不恩准，
请恕孩儿不从命。
若是非要孩儿我，
远嫁边鄙之吐蕃，
为了教化之大业，
为人处世应如何，
启请父皇赐教我。

皇上对文成公主说道：

孩儿且听我说：

人说雪域吐蕃,
冰峰绵延千里,
就像宝塔林立;
四大高山湖泊,
宛如碧玉坛城[1];
四大高原江河,
流经卫藏四茹;
四大高原草地,
仿佛供品布陈;
山高水清地灵,
景色壮丽雄浑;
风光呈祥如意,
实乃殊胜之境。
王者尽皆凡人,
唯独赞布乃神,
法王松赞干布,
观音菩萨化身,
功德无与伦比,
属民无不恭顺。
孩儿欲请释迦佛,
还偕僧尼去吐蕃,
且听父王具细说:

---

[1] 坛城:道场,轮圆具足,梵音译作曼陀罗。密乘本尊及其眷众聚集的场所。本智以为主尊,道果功德以为眷众,眷众环绕本尊游戏庄严,称为轮圆。另指密宗所用的法品之一,多为圆形,有大有小。

我的供奉释迦佛，
虽是佛陀替身像，
但与世尊无二别。
佛乃垂悯诸有情，
但凡寻求解脱者，
欲证无上菩提果，
只要虔心供奉它，
无上菩提可速得；
但凡厌离轮回者，
只要虔心供奉它，
便可超脱生死界，
远离轮回之烦恼，
证得独觉罗汉果；
但凡厌离恶趣者，
只要虔心供奉它，
便可断除恶趣苦，
永世轮转善趣道；
只要虔心供奉它，
定会有求必有应，
人间善乐皆可得，
心中悲苦尽可却，
人人尽皆可成佛。
如此殊胜之佛像，
父皇奉之如命根，
为了爱女积福德，

只好让你请了去；
福田僧宝比丘尼，
亦可供你积功德；
父皇珍宝堆满仓，
任你挑选作嫁妆；
神魔宝鉴日月镜，
赐予爱女作嫁妆；
金玉书卷三百六，
御膳食谱三百六，
神饮配方三百六，
赐予爱女作嫁妆；
铠甲披挂三百六，
刀枪剑戟三百六，
赠予赞布把身防；
龙袍凤披三百六，
金鞍玉鞯三百六，
赠予赞布壮神威；
百鸟朝凤雄狮吼，
日月争辉彩虹舞，
松柏常青百兽走，
绫罗绸缎织锦绣，
赠予赞布当稀有；
大唐一十四法典，
诗文曲赋及注疏，
大唐法规和律令，

赐予爱女作嫁妆；
农耕畜牧与历算，
良方妙法之书卷，
赐予爱女作嫁妆；
汉唐卜筮三百部，
风水吉凶妙算书，
赐予爱女作嫁妆；
楼堂舍屋善构书，
各种工巧六百部，
赐予爱女作嫁妆；
疾病诊断四百四，
内诊百法外治五，
药剂配方医方明，
赐予爱女作嫁妆；
显乘密宗经律论，
能断烦恼八万四，
能积无量功德海，
取舍十善十不善，
成就六度[1]四摄事[2]，
赐予爱女作嫁妆；
绫罗绸缎三百匹，
穿戴够你享终生，

---

[1] 六度：布施、持戒、忍辱、精进、禅定和智慧。
[2] 四摄事：菩萨摄持众生的四种方法。即布施摄，随愿布施法、财；爱语摄，善言慰藉；利行摄，随顺众生意乐行益利事；同事摄，随顺众生意乐,同其所作使得利益。

赐予爱女作嫁妆。
若要臣民拥戴你，
父皇嘱托请切记：
目光远大谨慎从事，
胸怀坦荡宽宏大量，
早起晚睡洁身守操，
善解人意从谏如流，
手足勤快容貌端丽，
精于理财勤于持家，
气度高雅笑颜常开，
宽以待人体谅仆从，
少发脾气言语温顺，
忠贞不渝从一而终，
尊重夫君疼爱子女，
不嗜饮酒不串门户，
对上恭敬对下悲悯，
养老送终切莫怠慢，
尊老爱幼以礼待人，
乐善好施与人为善，
手不释卷教子有方，
虔心崇佛礼赞三宝，
修建庙宇镇妖伏魔，
造立佛像广建僧团，
闻思修习著书立说，
供养僧众守持律仪，

第十一章　迎请文成公主

宣说善法诲人不倦，
海枯石烂信仰不变，
依怙世尊奉若神明，
为求正果弃恶扬善，
出离恶趣断除烦恼，
发菩提心入菩萨行，
慈悲为怀趋大乘道，
父王所言言之由衷，
若能听从万事皆成！

皇上为即将远嫁吐蕃的爱女置备了极为丰厚的嫁奁，并将那尊被汉人视为稀世之宝的唯一供奉之所依——释迦牟尼12岁等身金像也作为陪嫁送给了公主。为此，汉人们梦中出现不祥之兆。遂有人上奏道："启禀皇上、皇后、皇太子：我们既然已失去了贤惠的公主，为何还非要把如意之宝（世尊12岁等身金像）也拱手送给吐蕃人呢？看来其中必有泄密者捣鬼，启请陛下命善五行算者占卜之，将那作祟者捉拿出来严加惩处！"

皇上遂传令请来一位神机妙算的卦师，命其用五行算占卜。这位卦师占卜之后大惊失色地说："奇哉，怪哉，如此卦象，前所未见！"皇上问卦象究竟如何，卦师回禀道："在三座黑山的环抱中有一血红的湖泊，湖泊中有一片红白杂花的大滩，滩上有一铁母夜叉腾空跏趺而坐。她浑身都长满了眼睛，头上、身上落满了各种各样的飞禽，还长着一张长长的铜嘴巴。此人便是泄密者。"

皇上听罢卦师的这番话后大怒道："岂有此理，五行算的卦象竟然如此荒谬！"遂下令将十部五行算历统统付之一炬。文成公主将焚烧过的五行算残卷收集在一起，说要用它来护佑自己。据说"嘎则"（心秘五行算历）一名，便是缘公主将五行算历残卷贴胸而藏故名。公主曾说要拿它作护佑之用，故又名"嘎则尚哇"（གབ་རྩིས་བསྲུང་བ། 心秘护佑五行算历）。

绿度母的化身文成公主，为了益利雪域众生，特意从母后的库房里拿了少许莱菔和蔓菁（ལ་གཞིའུང་གི） 种子，并用红绸布包起来藏于发际。这就是文成公主询问大臣噶尔所谓"小可变大，少可变多"的东西。

文成公主起程上路那天，车水马龙，浩浩荡荡。一辆搭着白绫帐的车辇载着释迦牟尼12岁等身金像，由大力士神乐（ལྷ་དགའ།）和龙喜（ཀླུ་དགའ།）引驾走在最前头，随后是两匹银白色骡子拉的车舆，里面坐着文成公主和四名贴身侍女，另有四名贴身侍女坐在两头骆驼拉的车上，其后依次是四名大力士轿夫、请婚使臣和为数众多的马夫。皇上耽心路遇不测，还特意选派了二十出头的五百名年轻武士和年方十六的五百名妙龄淑女随行护送。

依依惜别之际，文成公主劝母后留步并告辞道：

    女儿此行去吐蕃，
    远离母后要久别。
    每逢每月初八日，
    您就说"今天初八了"，
    我也说"今天初八了"；

第十一章　迎请文成公主

> 每逢每月望月时，
> 您就说"月儿又圆了"，
> 我也说"月儿又圆了"；
> 每逢每月新月时，
> 您就说"新月升起了"，
> 我也说"新月升起了"。
> 山高路远难相见，
> 只好如此相忆念。
> 每逢每月初八日，
> 每当月圆月缺时，
> 我都虔心上供奉，
> 感谢父母养育恩，
> 父母兄长的教诲，
> 我都铭记在心中。

母后祝福道："愿孩儿一路平安"！母女俩就此挥泪而别。随后，父皇赞誉公主道：

> 淑女文成公主，
> 身材修短合度，
> 体态丰韵适中，
> 秀色倾国倾城。
> 舞乐无不精通，
> 谈笑别有风韵，
> 远离贪嗔痴等，

勤于利乐他人。
美貌令人销魂,
心怀仁慈悲悯,
堪与法王般配,
巾帼莫属别人。
精通医道方术,
能治人畜百病,
金枝玉叶妙手,
可使枯木逢春。
丽容羞花闭月,
秀色落雁沉鱼,
芳体飘逸馨香,
馥郁盖压群芳。
民以食为天理,
少尊长乃常伦,
公主举止言行,
皆合天理人伦。
淑女文成公主,
不以皇亲倨傲,
不以花容媚人,
唯愿利乐众生,
堪与法王联姻。

皇上赞毕,吐蕃使臣三呼"善哉",并引吭高歌"召卡"(ཟུང་ཁའི་གླུ།)一曲。随后,吐蕃使臣迎请文成公主和释迦牟尼佛像,浩浩荡荡起程上了路。

次日清晨，文成公主一行赶了一段路后下帐野炊。文成公主在白绫帐中，将释迦牟尼像安放在铺着织锦垫的金银宝座上，并献上一钵神馔，随后自己才用餐吃了一点米羹。这时一位侍女急于赶路，可落在后边的人还不见人影，她手搭凉棚望了好一会儿，才看见他们缓缓赶来。

大家在一起歇息时，日种（ཉི་མའི་རིགས།）吐蕃使臣有的聊天，有的赛马，有的射箭，有的举石（重），有的赛跑，有的角力，有的玩牌，有的下棋，有的唱歌，娱乐戏耍，各随其好。文成公主则独自在释迦牟尼像前，陈设五种供品，弹起三弦银琵琶，吟唱赞歌道：

> 往昔人主初降生，
> 投足七步撼乾坤，
> 预言世间我至尊，
> 圣贤无不称颂您。
> 彼时南方赡部洲，
> 污浊不堪阴霾浓，
> 能仁超凡寄静林，
> 六面童子礼赞您。
> 高堂寄予儿厚望，
> 唤你"顿智"传美名，
> 我亦今生与来世，
> 虔诚信仰供奉您。
> 您心地纯洁，仪表伟岸，

> 智深似海，慧比须弥，
> 威镇三界，闻名遐迩。
> 您大智无量，大勇能仁，
> 超脱悲苦，离诸烦恼。
> 您三十二相，福德昭彰，
> 少分妙相，盖世无双。
> 您证得全觉，昭示真谛，
> 至尊怙主，我愿皈依。

公主自上路以来，每日清晨都要如此供奉世尊金像一番。一路上山重水复，公主常常不得不弃驾徒步行走。

有些六根不净之徒诬陷说，后世吐蕃之地妇道日渐衰微，其端倪始于文成公主。说文成公主曾与大臣噶尔私通，她在入蕃途中身怀六甲，自知没脸尽早去见赞布，故在胎儿足月降生之前，只好在途中耽延时日。然而，在诸佛与众菩萨的眼中呈现出的则是世尊亲临雪域吐蕃的吉祥景象。

文成公主途中在康区丹玛（ཁམས་སུ་ལྡན་མ།）地方的一处青石岩壁上，勒石刻写了《广论首卷》（རྒྱས་པའི་དབུ་དུམ།）和《普贤行愿》（བཟང་པོ་སྤྱོད་པའི་སྨོན་ལམ།）等经文，在夏德朗纳（བྱ་དུར་གླང་ན།）造立了一尊八十肘高的释迦牟尼佛像。她在途中驯鹿垦田，在朗珠迪滩（གླང་གྲུ་དུས་ཐང་།）营造水磨，有时也迷路徘徊在深山峡谷之中。

再说大臣噶尔，皇上唯独将他留下扣作人质，并许配给他一位花容月貌、出身名门的妙龄女子作夫人，想让智慧超群的吐蕃大臣，在汉地留下禀赋非凡的子孙后代。皇上虽然用心良苦，但大臣噶尔唯恐留下后代，断然不肯与那美貌女子同眠共枕。

大臣噶尔处心积虑地设法返回故里。起先，那汉唐夫人无论给他作什么珍馐美羹，他都不吃不喝，身体日渐消瘦。他天天卧床不起，形容十分憔悴。他还故意在两颊抹了些靛蓝和朱砂，成天干咳不止，痰中脓血可见。后来，他又偷偷在床褥下铺了一张腐烂的牛皮，成天昏睡不起，浑身满是恶臭。

那汉唐夫人实在感到秽气难闻，忍不住问噶尔道："大臣殿下，你身上的这怪味到底是咋回事啊？"

噶尔说："难道你没觉察到我患热病已多日了吗？"

那女子这才急忙去禀报皇上，说吐蕃大臣得了热病。皇上急忙前来探望并安慰噶尔道："阁下贵体欠安，实乃不幸，朕自有令你很快康复的办法。"

大臣噶尔佯装坐不起来的样子，他微欠上身，双手合十道："皇上陛下，卑臣怕是得了肺痨病。"

皇上见噶尔形容憔悴，咳喘吁吁，痰中带血，连虎口上也满是抹了嘴的血痰斑迹。他生怕吐蕃大臣一命呜呼了，忙令御医来给噶尔治病。

当天夜里，大臣噶尔对那汉唐夫人说："今晚你到外屋去歇息，要是咱俩睡在同一间屋子里，我怕你晦气太重，明天御医就号不准脉。若脉象不察，我就会因误诊而性命难保，我一旦呜呼了，你就要受一辈子的守寡之苦。我要是死在哪里，那里就会有十八凶兆出现，还会有十九大难临头！"

噶尔把夫人哄出去后，在卧室内用土坯垒了一个磨盘似的土炕，上面铺了些丝、棉之类的东西，然后用马尾把自己的手腕紧紧扎住,把脚垫得高高地睡在炕上。这样一来,他的脉象全乱了。

第二天一大早,御医来号过脉后禀告皇上道:"启禀皇上陛下,这位吐蕃大臣所患之病,察其脉象,非风病(རླུང་)之百病之一,非胆热(མཁྲིས་པ)之百病之一,非涎分(བད་ཀན)之百病之一,非合病(འདུས་པ)之百病之一,非四大(འབྱུང་བཞི)紊乱所致之病,非着魔一千零八所致之病,非中邪十八所致之病,亦非瘟神疫鬼所降之病。他血液倒流,平脉与寿脉都切不出来,此乃前所未见之痼疾也。恕卑职无法医治,还是问问他自己看如何是好吧!"

皇上心想吐蕃大臣智慧过人,或许他自己知道该怎么治疗自己的病。于是便问噶尔道:"大臣阁下,你一向自作聪明,那么此番得了什么病,你自己不会不清楚吧?"

噶尔回答说:"我身为吐蕃大臣,被陛下扣作人质,冒犯了吐蕃神灵,故降此无名不治之病。"

皇上又问:"那如何是好呢?"

噶尔说:"只有祭天才有望治好我的病。"

皇上问:"何以祭天?"

噶尔说:"需备枣红骏马一匹,绫罗之灰一皮袋,羊脾之血一胃囊,三膀长的无缝木炭矛杆一根。"

皇上遂命击鼓传令,召集臣僚诏曰:"朕之吐蕃爱卿病危,御医治不了他的病,我问他本人如何是好,他说需要如此这般的祭品,尔等务必尽快筹办齐备!"

众大臣又命百姓依照皇上的旨意去筹办。结果烧光了千山万壑的山林树木,别说三膀长的无缝木炭矛杆一根,就连半肘长的一截也没得到；宰杀了成千上万只羊，别说一胃囊羊脾血，就连半捧也没得到；焚烧了堆积如山的绫罗绸缎，别说一口袋绫罗灰，就连一把也没得到。

皇上无奈，只好对噶尔说："除了这匹枣红骏马之外，其余一无所获。"

大臣噶尔暗自窃喜，心想这匹骏马还可派上用场，便留了下来。接着他对皇上叹息道："看来我是没救了。一旦我死了，会对这里的百姓极为不利，对陛下尤为有害！"

皇上生怕吐蕃大臣有个三长两短，便问噶尔道："大臣阁下聪明过人，想必还有别的什么妙方吧？"

噶尔说："那就只有送我到能望见雪域神山的地方，去祭祀一下吐蕃的天神，方可保我一命。"

皇上问他还需要些什么祭祀供品，噶尔说要两皮囊上等好酒，两皮袋炒米饭团，两盆子（པང་ཞི་）咸干肉。皇上吩咐御厨赶紧备好这些东西让他去祭天，可又担心他借此机会逃之夭夭，又特意委派了四名大力护卫随行护送。

噶尔临行之际，皇上请教他道："时下农耕时节已到，阁下足智多谋，请问如何耕作是好？"

噶尔说："要是把种子焙炒过后再播种，定会禾苗茁壮，穗大粒饱，可望大获丰收！"

皇上遂诏天下："今年农耕，种子要焙炒过后方可播种，违者治罪。"百姓不敢抗旨，举国焙种播种。

大臣噶尔出行时由四名大力护卫用担架抬着，另有四名侍从牵着枣红马，驮着祭品随行护送。一路上每逢歇脚时，噶尔都要祭祀一番，并供奉一点酒肉、炒米等供品。每次他都借故只给随从八人少许"供品"吃,并不时地催着赶路,说怕路遇歹徒。而他自己却在衣袖中藏了些吃的喝的,悄悄躲在披风下暗自受用,好让元气恢复。

到了嘉茂察瓦绒（རྒྱལ་མོ་ཚ་བ་རོང་།）[1]后,噶尔让随行买了好多酒肉食物,然后登上一座能远远望见吐蕃山峦的高山。这时大臣噶尔说:"此山名曰'绛妥神山'（བྱུ་རི་གྱུང་བཙོ）,这儿就是我要行大祭的地方。"随即命随从卸下驮子和行囊,开始祭祀神灵。

祭祀完毕之后,噶尔将酥油拌炒米和咸干肉、酒囊堆放在随行八人的面前说:"尔等已是'狼牙空肚子',现在可以让你们吃个酒足饭饱了。"早已饥饿难忍的这几个彪形大汉一阵狼吞虎咽,不一会儿便一个个醉卧山岗了。这时噶尔乘机毁掉了他们的刀矛弓箭,打折了他们坐骑的腿子。噶尔自恃有枣骝追风马,便叫醒了四位侍从,又用凉水泼醒了那四名大力护卫,并戏言吼道:"强盗来了!"当他们朦朦胧胧睁开醉眼时,看到的是兵刃坐骑已皆废矣。

噶尔翻身上马,大喊一声"我回吐蕃去了!"便带着四名侍从扬鞭纵马而去。四位大力护卫叹息道:"早就耽心噶尔会如此,今天终于让他得逞了!我等要是就这样回去,皇上肯定会降罪下来,还不如跟随他去的好。"于是便紧随其后追赶而去。

据说吐蕃现在的某些姓氏便是由他们留传下来的。其中四名侍从所传姓氏为臧（འཛིང་།）、王（གཡ）、司（གསི།）、乔（ཇོ）；

---

[1] 嘉茂察瓦绒:简称嘉绒,旧指安多地区三大或四大谷地中号称"大小金川十八家土司"所在地总名,今属四川阿坝州。

四名大力护卫所传姓氏为姬（ཧྲེ）、张（ཟྭག）、孟（དབངས）、杜（གདོལ）（译注：这些姓氏均为译音）。

当大臣噶尔带着他们辗转多日来到康区下部（ཁམས་སྨད）时，汉地正值麦子扬花灌浆时节，可麦穗全部颖空粒瘪。举国上下怨声载道，都说这是黑心的吐蕃大臣造的孽！五谷收成无望不说，森林树木烧成炭了，绫罗绸缎化成灰了，绵羊山羊宰杀光了，五行算历一火烧了，文成公主被抢走了，释迦牟尼12岁等身金像也拱手送给吐蕃人了，我大唐江山毁于狡诈的吐蕃大臣之手矣。

民间怨声鼎沸，不久便传到皇上耳中，皇上这才恍然大悟。他心想噶尔这该死的罪魁祸首，可能已在逃往吐蕃的途中，遂命大队人马："速速追捕噶尔归案，不能生擒，便就地格杀勿论！"

大臣噶尔估计追兵将至，又正好来到一个牧马场，他便和随从一起把马场里的马粪背去倒进了加曲沟巴河（རྒྱ་ཆུ་ལྗགས་པའི་གཙང་པོ）中。追兵发现河里有大量马粪随流漂下，以为这是前来迎接噶尔的吐蕃大队人马，在渡口留下的马粪被雨水冲入河中所致。因怕寡不敌众，便勒马回缰。追兵往回走了一天一夜后，途中有人说："要是我们就这样回去，肯定吃罪不起。倒不如杀他个回马枪，即便逮不到蕃寇，追一程，算一程吧！"于是又调头追来。

噶尔料定追兵还会追来，当途经一片灌木林时，他命四名大力护卫折来许多藤条做成马鞭抛入河中。追兵发现河里漂来好多藤鞭，只好望河兴叹道："藤鞭如此之多，可见兵马何其之众也。即便追上了，也无济于事，弄不好反会被擒俘，还是善罢甘休为好。"

追兵班师回朝后,向皇上禀报了未能追捕到噶尔的经过。皇上不无感慨地说:"尔等所言当是。那吐蕃君臣二人,要是果真具有佛与菩萨不可思议之神通,即便追上了也拿他无可奈何。"

正当此时,汉唐之地灾荒四起,民不聊生,皇上为此大伤脑筋。一日,他忽然想起吐蕃赞布松赞干布进献的那顶神奇的伏琉璃头盔聘礼,便命将此头盔献于装饰有二十一度母像的释迦牟尼 12 岁等身像的宝座上,大事供奉,祈福禳灾。结果在五峰山出现了取之不尽的粮仓,灾荒这才得以赈济平息。

传说汉唐域内之所以灾祸频降,是汉唐臣民对吐蕃菩萨君臣藐视、诋毁所应得的报应。至于大臣噶尔在汉地焚帛宰牲、毁林杀生等愆尤之阴霾,随后即被赞布松赞干布悲悯之万丈光芒一扫而光。万门皇宫上空,祥云缭绕,彩虹飞贯,举国上下,无不为之惊叹。汉唐万民纷纷议论道:善哉,善哉!文成公主与吐蕃赞布真乃前世有缘。释迦牟尼佛像似已圆满毕竟了对汉唐众生的益利,也该驾临吐蕃利乐那里的众生去了……从此以后,以皇帝为首的汉人对吐蕃赞布松赞干布无不心悦诚服。人们把皇帝陛下也奉为大悲观世音菩萨的化身,汉唐天下从此又出现一派国泰民安的景象。

再说大臣噶尔,他日夜兼程,终于在人迹罕至的雪尼布(གདངསྙེགས།)森林的沟壑中追赶上了文成公主一行。噶尔拜见公主道:"恕卑臣来迟矣!"随后又将其耽延滞后的原委向公主叙说了一番。

第十一章　迎请文成公主

接着，噶尔打前站赶赴墨竹冈（མལ་གྲོ་སྐྱང་།）[1]。在此之前，请婚使臣之一的聂吉南拉（སྙགས་ཀྱི་ནམ་ལ།）[2]已先行一步。他见到赞布后禀报说，大臣噶尔被汉唐皇帝作为文成公主的人质扣留了下来，是我迎请文成公主与释迦牟尼佛像千里迢迢而来，启请陛下举行迎接庆典。赞布陛下心中有数，他反问聂吉南拉道："卿可有汉唐皇帝的什么信物为凭吗？"既然没有，赞布自然不会听信其言。所谓"噶尔劳苦，聂吉功高"的民谚即由此而来。

没过几日，大臣噶尔骑着汉唐皇帝送给他的那匹备有丝绣莲图鞯、檀香木马鞍的金嚼玉辔枣骝马，带着随行的四名侍从和四名大力护卫抵达逻些。他经三侍卫禀报三大臣，再由匡佐大臣那阐布转奏赞布道："神变文成公主和世尊释迦牟尼佛像已迎请来，还带来公主父皇所赠诸多利乐雪域的顺缘之物。臣有汉唐皇帝鞍鞯缰辔俱全的枣骝御马为信物，还有汉唐侍臣四人及大力护卫四人作证，启请赞布陛下莅临迎迓庆典。"

赞布陛下亲自前往举行迎迓庆典的地方召见了大臣噶尔。陛下听罢噶尔此行千辛万苦的经历之后，欣然赞许道："爱卿有汉唐皇帝陛下的诸多信物，卿不虚此行，劳苦功高！"

噶尔建议赞布："神变文成公主与尼妃赤尊公主心智有所不同，启请陛下举行盛大庆典迎接。否则怕文成公主不肯在

---

[1] 墨竹冈：墨竹工卡，早期吐蕃赞布行宫牙帐所在地，位于拉萨东面拉萨河上游。
[2] 聂吉南拉：又写作 བཟང་ཡང་སྟོན་སྙགས་། 、གཉགས་ཀྱི་བཟང་ཡང་སྟོན་，松赞干布的一大臣名，藏史称七良臣之一。据藏史记载，是他首先倡导将山居之民迁到平川谷地筑屋而居，从事农业生产。

我雪域吐蕃安身立命。"

于是赞布宣布:"凡迎迓庆典事宜,悉听从大臣噶尔安排。"

噶尔传令吐蕃千家万户说,文成公主具有神通,不知她将取道何方而来,故所有山川道路须通达无阻。

卫藏四茹上到达官贵人,下至平民百姓皆闻风而动,将条条道路整修一平。逻些城里的人们,不论男女老少,都穿戴打扮一新,争先恐后地涌向举行迎接文成公主与释迦牟尼佛像盛典的地方。

逻些附近四面八方的人们,都说他们亲眼看见了神变文成公主到来时的情景。住在逻些南面的人们说,公主自芝普(སྐྱིད་ཕུ་)河阴而来,她手挥银鞭指着山上的结冰说"那冰块好似右旋白螺,这里的天空仿佛'卐'字旋转"。住在东面的人们说,公主从东面的卡尔那当(མཁར་སྣ་མདོང་)吉曲河渡口渡江而来,故此地又名嘉冒热卡(རྒྱ་མོ་རབ་ཁ་)——公主渡口;住在北面的人们说,我们在北面的果普村(སྒོ་ཕུ་)迎接公主,所以果普村又叫拉斯村(ལྷ་བསུ་)——迎公主村;而住在西面的人们则说,公主从堆龙山口(སྟོད་ལུང་མདའ་)穿过巴瓦察(སྦལ་བ་ཚལ་)石山与支森(གྲུ་གསུམ་)沙丘而来。此处地门洞开,山形犹如猪鼻,天门敞启,峭壁形似利剑。公主命汉唐工匠在这里勒石作"姊妹护法图",人称"岩神怙主"(བྲག་ལྷ་མགོན་པོ་),今谓之"帕那敦"(པག་སྣ་གདོང་)。

当公主一行来到逻些河谷灌木丛的一处草甸时,载着释迦牟尼佛像的车辇陷入水如泉涌的泥淖之中。大力神喜借天神之力未能抬起,大力龙乐借众人之力也未能推动,二人合力推拉仍无济于事,只把车辕朝东调了个向。一峰峰骆驼、一匹匹骡马从遥远的东方驮来的辎重只好全都卸在了这儿。这究竟是怎么回事呢？公主有点疑惑不解，于是她打开随身携带的五行算残卷，依照算历占起"宝积堪舆"之卦。

于此南赡部洲，以其地形地貌概而言之，中天竺圣地金刚座北面的宾陀山自东向西以北，是为花团锦簇之地大象护卫之国；其北是雪山之王"刚坚"（གངས་ཅན། 冰雪之地），于此冰峰雪岭"卡瓦坚"（雪域）自东向西以北，是为罗刹女仰天偃卧状的吐蕃雪域之地；其南紫檀与旃檀山自东向西以南，是为如意珍宝之地天竺九洲之国；其南以泽达河为界自东向西以南，是为莲湖之地罗刹国。吐蕃雪域之国东与汉唐接壤，西与苏毗（སུམ་པ།）[1]、尼泊尔（བལ་ཡུལ།）、象雄（ཞང་ཞུང་།）[2]毗邻，北为里域（ལི།）[3]、霍尔（ཧོར།）[4]和弥药（མི་ཉག）[5]等邦国。

---

[1] 苏毗：《新唐书》二二一下《苏毗传》载："……为吐蕃所并，号孙波，在诸部最大，东与多弥接，西距鹘莽峡……"另据藏史载，苏毗被吐蕃征服后，其地划为第五茹，即孙波茹。地在藏北与青海毗连之处，以嘉雪达巴策为中心，东至涅玉，南至黑河麦底卡，西至也夏布，北至纳雪一带。

[2] 象雄：吐蕃一小邦，即两唐书所载之羊同，今阿里地区一带。宾服吐蕃，与吐蕃王室通婚，相传为吐蕃原始宗教苯教的发祥地。《册府元龟》《唐会要》载，大羊同东接吐蕃，西接小羊同，北至于阗，东西千里，胜兵八九万。至贞观末被吐蕃兼并，划分为象雄十东岱。

[3] 里域：新疆南部昆仑山以北和塔克拉玛干沙漠之间一带地区总名。包括和田、且末、民丰和若羌等地，特指和田、于田地区古名。这一带吐蕃王朝以前汉传佛教曾十分盛行。《资治通鉴》高宗咸亨元年（670年）夏四月条下记："吐蕃陷西域十八州，又与于阗袭龟兹拔换城，陷之，罢龟兹、于阗、焉耆、疏勒四镇。"参见《汉藏史集》"圣地于阗国之王统"。

[4] 霍尔：不同时期所指民族不同，唐、宋时指回纥，元代指蒙古人，元明之间指吐谷浑人。近代在民间指藏北牧民和青海土族。

[5] 弥药：又译木雅。四川康定折多山以西，道孚以东地区古名。另指宋代时建都于宁夏银川的党项羌政权——西夏。

公主经占卦方得知：吐蕃中心地带乌茹逻些吉雪河谷，有一名叫卧塘湖（འོད་ཐང་གི་མཚོ）[1]的湖泊，此湖正是罗刹女的心脏部位，湖水便是罗刹女心房涌动的血液。赞布宫殿正好建在罗刹女的心头之上；两座高耸的山峰是罗刹女的乳房，也是她的命根；四周各有一座龟状之山，就像罗刹女的血盆大口；红铁二山一起一伏好似狮尾相连，这里便是罗刹女发嗔心侵害生灵的心窝之所在，松赞干布与尼妃赤尊于此建造了两座犹如罗刹王宫的城堡；红铁二山周围的那四座毒蝎般嶙峋可怖的大山是罗刹女的帮凶，其山势就像猪鼻拱食般从四面聚向一处，这意味着逻些也将是盗匪歹徒聚集之地。在四周群山的背后，东面有莲花盛开状之山，南面有珍宝堆积状之山，西面有宝塔林立状之山，北面有海螺置于绫帛状之山。由此而得知，此方将有诸多洪福齐天之人和众多登地菩萨及任运超凡的菩萨莅临，也将是善男信女云聚之地，故四面八方的人们都将纷至沓来。

逻些这地方形似八瓣瑞莲，四周八宝呈祥，天空八辐轮转，此其尽皆妙胜功德之缘起。若在卧塘湖建造一座寺庙将对雪域吐蕃功德昭彰。不过此地尚有寻衅作乱之五敌，需要克敌制胜之五法。

文成公主再观卦象，发现惹冒切这块地方是地祇龙神的威怖宫殿之所在，当镇之以释迦牟尼佛像。于是她吩咐就地在载着释迦牟尼12岁等身像车辇的四周栽下四根柱子，拉上白绫帷幔，搭起彩绸帐篷，并让大力神喜与大力龙乐好生守护。

---

[1] 卧塘湖：传说松赞干布时，尼妃赤尊公主用山羊从澎波驮来土石填平此湖后，经镇妖伏魔，在其上建起了拉萨幻显神殿。

随后，公主这才率众前往赞布宫殿东门。

此时，尼妃赤尊在铁山寝宫闻得鼓号喧天，便登高循声望去，她看见汉唐文成公主一行已抵达赞布宫殿的东门草坪。尼妃心想，汉唐之人极善堪舆之术，若是让文成公主在释迦牟尼佛像停放的地方先造佛殿，则对自己不利。于是，她匆匆赶去拦住文成公主道："既然有我在此，何须劳你再来？我有不动金刚、弥勒法轮和旃檀绿度母像，还有《白莲华经》和五部陀罗尼等诸多佛经作陪嫁，请问你带来了什么？"

文成公主回答说："我自有我的嫁奁！"

尼妃赤尊又问："我有七头大象驮来的奇珍异宝作嫁奁，你能比得上我吗？"

"你是大妃子，你的嫁奁多，你的佛宝好，你的功德大，当然你可得理不饶人。"文成公主说着扬起三节银鞭指着卧塘湖又说："那就先让你在圣湖上建造佛殿，我自会找到合适的地方建造我的庙宇。"

尼妃总觉得文成公主出言不逊，盛气凌人，便百般阻挠，就是不让她与赞布会面。为此，大臣噶尔奉劝她说："先前未能建成佛殿，乃事出有因，往后尚有劳文成公主堪舆，则事关重大，请殿下恩准她与赞布会面后再说。"

尼妃非但不肯，反而对文成公主发难道：

> 文成公主汉唐女，
> 使臣千辛迎娶你，
> 公主万苦来联姻，
> 岂料捷足我先登。

赞布英容我先睹,
陛下起居我侍奉。
王妃正侧有尊卑,
我乃正妃应恭敬。
如若反其道而行,
有失体统理不容。
规矩方圆有道是:
沿街乞讨谁看起?
做人牛马谁乐意?
病魔缠身谁安逸?
作恶之人谁称颂?
残汤剩饭谁说香?
妾身卑下谁赞赏?
积善行德谁讥笑?
皈依善法谁说孬?
供养三宝谁穷了?
你我要分尊与卑,
就来比试见高低:
一比赞颂佛法僧,
二比营造三宝殿,
三比顶礼应供处,
四比侍奉夫王君,
五比益利诸有情,
六比理财辅朝政,
七比稼穑事农耕,

> 八比抑恶扬善行。
> 如若样样不及我,
> 休得妄想见王君。
> 你我要比修神殿,
> 理所当然我在先。

文成公主对曰:

> 尼妃听我说几句:
> 殿下所言乃差矣。
> 正妃本当最高贵,
> 可你何贵之有呢?
> 自高自大有何用?
> 我虽卑微乃化身,
> 甘当菩萨牧羊女,
> 何尝不可屈从你?
> 谁能万事皆平安?
> 谁能铁石不染疾?
> 谁能草木无忧虑?
> 谁能荣华常富贵?
> 谁怕捡到如意宝?
> 谁盼灾祸从天降?
> 谁能日月永不落?
> 谁能红颜常不老?
> 谁能降生不投胎?

谁能寿终不归西？
英豪风烛残年时，
美女几多去争宠？
我本无心与你争，
你却得理不饶人，
就算阶梯你先登，
自称正宫唯你尊，
嫁奁功劳唯你丰，
居功自傲唯你行，
嗔恚妒忌唯你凶！
你争卧塘建神殿，
我且别处找地点，
你若果真不畏难，
拭目以待走着看，
比这比那皆可比，
妄自尊大终枉然。

接着文成公主挥起银鞭指着卧塘湖说："既然殿下非要抢先于我建造佛殿不可，就请你在卧塘湖上建造你的佛殿吧！我自会找到合适的地方修建我的寺庙。"文成公主说罢，顺手将银鞭插在惹冒切的草地上。

尼妃赤尊听了文成公主的这番话后大为不悦，误以为文成公主这是有意跟她过不去，故硬是从中作梗，迟迟不让文成公主与赞布见面。文成公主对此也不甘示弱，她斥责尼妃赤尊道：

贪嗔妒傲尼邦女，
妄自尊大赤尊你，
纵有日月当头照，
心窍蒙蔽三无明。
明知吐蕃诸嫔妃，
上有董妃象雄妃，
还有里妃日邦妃。
你虽排位在我先，
自称正宫有何益？
陪奁再多归自己，
劳苦再大怨自己，
何必借此夸自己？
我虽排名数最后，
业障概无具六度，
我乃化身绿度母，
迢迢千里来雪域，
远嫁大悲菩萨君，
益利众生无私心，
只为六道诸有情！

文成公主的这番话语，虽说多少压制了一些尼妃赤尊的盛气，可她还是百般阻挠，不肯让公主与赞布会面。为此，内臣那阐布、大臣噶尔及屯米桑布札等不得不再三奉劝尼妃道："殿下修建佛殿事关重大，尚有求文成公主堪舆……"尼妃赤尊思前想后，觉得众卿所言或许有理，这才颇不情愿地让文成公主与赞布会了面。

文成公主与赞布松赞干布相见之时异象纷呈。

于十方遍自在诸佛与众菩萨眼前所呈现的景象是：大悲观世音菩萨自普陀山起驾亲临雪域并化身为吐蕃赞布，他为的是在雪域弘扬善法，以便使吐蕃众生尽皆往趋西方极乐世界，让彼等在佛道乐土断诸垢永净，证诸德全觉；而至尊绿度母则化身为汉妃文成公主，携世尊释迦牟尼金像来到吐蕃与赞布联姻。赞布与文成公主会面之际，二人浑身光芒四射，普照雪域，刹那间吐蕃众生烦恼尽除，犹如获得金刚三摩地（རྡོ་རྗེ་ལྟ་བུའི་ཏིང་ངེ་འཛིན།）[1] 般的安逸福乐。

于众天神眼前所呈现的景象是：在大悲观世音菩萨、至尊绿度母和世尊释迦牟尼佛像光芒四射的周围，无以数计的诸佛与菩萨纷纷降临。在诸佛与菩萨的身边，又聚集着千千万万的弟子徒众，他们共同在雪域吐蕃享受着善法之无穷逸乐。

而在凡人们眼里所呈现的景象是：赞布松赞干布与汉妃文成公主喜结良缘——

> 鸾凤频频眉目传情，
> 鸳侣依依互敬奶茶。
> 佳偶津津品尝美羹，
> 伉俪嘻嘻玩抓骨白。

吐蕃睿智大臣噶尔率百人使团迎请文成公主之第十一章竟。

---

[1] 金刚三摩地：金刚喻定。在摧毁一切障碍证得大小乘修道究竟果位之极细微应断分时，具有威力无阻之能治无间道。

第十二章　文成公主堪舆

尼妃赤尊邀请赞布到她的寝宫商议修建神殿事宜，赞布准许她任意选址建殿。随后，尼妃役使众多仆从并召请许多男女夜叉，在拉东（ལ་དོང་།）的一片草地上破土动工修建神殿。可不知何故，他们白天修，晚上就被拆毁。尼妃转而又在雅隆、乌茹吉雪和后藏选山灵水秀之地，奠基了一百零八处神殿均遭毁坏。（原注：此即后来慈尊在上述地方广建法苑之缘起）。

尼妃百般无奈之下，这才想起大臣们曾劝告她说，修建神殿之事尚有劳文成公主相助，看来果然被众卿言中了。既然文成公主极善堪舆，想必自有妙法，不妨请教请教她。

尼妃遂派一亲信侍女携带一藏升沙金贽见礼去见文成公主。她嘱咐侍女说："在逻些沙滩草地的一泓清泉边，文成公主正在白绫帐中供奉释迦牟尼像。你见到她后，先送上贽见礼，切莫言及我以往修建神殿被毁的事，就说有请她给我指点一处修建神殿的风水宝地，待我的神殿修成之后就让她修建她的神殿。"

侍女前去道明来意，文成公主打开五行算历仔细堪舆过后道："我当初好言相告，赤尊殿下反以为我存心不善。我此番经细观一百零八，详察九十，勘误七十二，已辨明地煞之相，需设法镇伏之。我需勘察选定赞布宫殿之风水宝地是为一；僧众聚集之清静刹土是为二；仙人居住之灵山秀水是为三；娱乐逍遥之离宫胜境是为四；出巡郊游之行宫之所是为五。其中首当选定俱全八种殊胜功德的赞布宫殿之风水宝地，并要先行伏魔除邪耳。"

"在环绕逻些的群山背后，东面之山形似芙蓉争艳，南面之山仿佛珍宝璀璨，西面之山犹如宝塔林立，北面之山宛若瑞莲盛开。这都是雪域之地将广遍信奉世尊，光大弘扬佛法的象征。此地又呈八瑞之相：北方澎嘎（འཕན་དཀར）有形似宝伞之山（喻首），东方迪巴（གདོས་པ）有形似金鱼之山（喻目），南方董赞（སྡོང་བཙན）有形似海螺之山（喻口），宗赞（རྫོང་བཙན）有形似瑞莲之山（喻舌），直宗（གྱིབ་རྫོང）有形似宝瓶之山（喻颈），告坡（སྒོ་པུ）有形似吉祥结之山（喻心），西北面的谷顶形似胜利幢（喻身），堆龙（སྟོད་ལུང）的沟口形似金轮（喻手足）。这里的地形呈八瑞莲之状，天空现八辐金轮之相，所有这些都预示着一切功德都将在这里出现。此外，此地还有四大矿藏，即杜岱热嘎岩山（དག་སྟེ་ར་གའི་བྲག）铜矿，多底告波（དག་དེ་སྒོ་པུ）铁矿，拉当山（ལ་དོང）银矿和铁围山（ལྕགས་ཁ་རི）金矿。而在卧塘湖的四周，东有白虎山，南有青龙山，西有赤鹰山，北有乌龟山。这四座山便是修建神殿所应具足的山神。这四座山又各有地煞，需一一镇伏之。"

"吐蕃之地形犹如罗刹女仰卧之状，逻些腹地的中心是罗刹女的心脏，卧塘湖便是罗刹女沸腾的心血，红铁二山就像猛虎与雄狮连尾，正是罗刹女喷心之所在。而惹冒切则是龙王的宫殿，哲拉（བྲག་ལྷ）岩洞是女妖的寝宫，朱普（གྲུབ་ཕུ）

至娘然（ གནས་རབ ）之间有一条龙妖出没的通道，嘎琼达瓦苑（ དགར་ཆུང་བྲ་བ་ཚལ ）是厉鬼与独角鬼聚会的地方。再则，在东面安兰仲巴山（ དབན་ལམ་གྲོན་པ་རི ）有水怪突兀状之地煞，在南面嘎琼由玛山（ དགར་ཆུང་ཡུག་མ་རི ）有黑蝎攫食状之地煞，在西面辛吉第俄则岩山（ ཤུན་གྱི་བག་ཏེའུ་རྩེ ）有黑魔瞭望状之地煞，在北面娘占至杜岱（ གནས་བཙན་དང་དོར་ཏེའུ ）一带的山岭中，有大象入战阵状之地煞。逻些此地具足八功德，其地貌呈八瓣瑞莲状，其天象现八幅金轮样，周边还有吉祥八瑞相。"

"若要修建神殿，先要镇妖伏魔。应在龙妖出没的必经路口镇之以白塔；在西北面铁围山下的女妖寝宫洞口，镇之以岩神怙主像；在惹冒切的龙王畏怖殿，镇之以世尊佛像；在东面黑罗刹逞凶的沙滩上，镇之以大自在天阳具塔。此外，还要对水怪地煞镇之以海螺，对黑蝎地煞镇之以大鹏，对黑魔地煞镇之以红塔，对大象地煞镇之以雄狮。当所有这些镇妖伏魔之事均告完成之后，再用山羊从澎波运来土石填平卧塘湖，然后方可在其上修建神殿。"

文成公主授以尼妃建造其本尊神殿的所谓"炯巴永"（ འབྱོངས་པ་ཡོང ）之良策，不料却被那侍女颠三倒四地讹传为"先用山羊运土填湖"云云。尼妃照此行事，用一群群山羊从澎波驮运土石填湖，七天七夜过后，只见湖面浊水浑泛，结果还是徒劳一场。尼妃以为这是文成公主居心不善而故意所为，不得已又向赞布请教修建神殿之良策。

文成公主宝积堪舆之第十二章竟。

第十三章　造圣像伏妖魔

尼妃向赞布请教建造神殿之良策，陛下遂向天成旃檀度母像（ཙན་དན་སྒྲོལ་མ་རང་བྱུང་།）[1]祷告，度母像应声自右目放出光芒直射卧塘湖。

逻些的邑民平素总要乘赞布每日清晨遛马之际，纷纷前来顶礼并一睹国君的风采。可这天人们只见赞布额前熠熠生辉，却不见他的身影。人群中天资聪慧者，听到天空中不时传来偈颂法音；而天生愚钝者，先是隐约听见叮当铿锵的声音，后又仿佛听到呜嘟喧闹的声响；还有人三次听到犹如万马奔腾之声。急于见到赞布尊容的人们，当听到马群往返奔驰嘶鸣三次过后，才看见赞布额前的红光消失，身形重现，顿时欢呼起来。

一日，赞布派人告知尼妃，有请她翌晨一起去遛马。次日晨，尼妃如约来到跑马场。这跑马场两边的围栏与赞布的身材一般高，跑道下掘约两人深，三庹宽，是用陶砖、青砖和木板一层层铺成的，跑道的两壁雕刻装饰得五彩斑斓。

从跑马场的南门到卧塘湖大约有三百庹之遥。当赞布与

---

[1] 天成旃檀度母像：尼妃赤尊公主从尼泊尔带到吐蕃的一尊度母像。传说该像是从一棵旃檀树中天然生成的，为藏传佛教极为珍贵的三神像之一，现供奉于小昭寺。

尼妃并驾齐驱，缓缓遛马来到湖边时，赞布示意尼妃勒马停步，并取下手上的金戒指对她说："这只戒指落在哪里，就请爱妃在那里奠基修建佛殿。"赞布说着便将戒指抛向空中，戒指落到马鞍的前桥上后弹进了卧塘湖中。

赞布问："你看见戒指落到哪儿了吗？"

尼妃心想，陛下这样做，肯定是与文成公主串通一气来故意捉弄她的，便回答说："因泪水盈目，哪里还看得清一只小小的戒指？"

赞布诧异地问道："你这是怎么了？"

尼妃顿时泣不成声地诉说道："我已上百次地修建佛殿，却屡遭毁坏，现在所有的建筑材料都已耗费一空了……"

赞布安慰道："爱妃莫伤心，我会有办法的。"

赞布随即向文成公主带来的释迦牟尼像和赤尊公主带来的不动金刚像大施供奉并祈愿祷告。这两尊佛像自胸际发出黄白两道光芒射向卧塘湖。接着，赞布又向天成蛇心旃檀十一面观世音像广施供奉并祈愿。这尊佛像是赞布和董妃赤尊的化身之子比丘阿嘎玛德从天竺南方羯沙流波坭像的身后掘出请来的。这尊佛像亦自胸际发出一道银色的光芒直射卧塘湖。这时，赞布让尼妃擦掉眼泪并指着那道光芒说："看见那道银色的光芒了吗？"尼妃说她看见了。尼妃随即向墨竹龙神（མལ་གྲོའི་ཀླུ）供上朵玛（གཏོར་མ）[1]，并连声祈祷。旋即，光芒又射向吉曲河南岸，吉曲河水顿时变得波光粼粼，水色潋滟。

---

[1] 朵玛：一种用糌粑捏成的锥形供品，用以供奉、祭祀神鬼之用。

尼妃见此情景，问赞布该当如何是好。赞布说："那就伐来南山麝林（ཀླུ་བའི་དགས་ཚལ）的树木填平卧塘湖！"结果伐木填湖仍未奏效。

尼妃又请赞布出主意。赞布说："我自有办法。你去役使男女夜叉到桑普（གསང་ཕུད）搬运石料，我来向我的本尊神像祷告。"赞布向天成大悲观世音本尊佛像供奉祷祝，本尊佛像自胸际发出五彩的光芒，交织成一道光束直射湖心。这时赞布对尼妃说："你赶快让尼泊尔石匠凿一块石料，把它扔到湖心光芒所照之处。"

尼泊尔石匠凿出的石料抛进湖心之后，那道光束随即消逝。这时尼妃定睛一看，只见一个宝塔似的方形石堆已赫然矗立在卧塘湖中。

工匠们用麝木木桩和铁钉铁扣，卯套卯、扣连扣地把石堆加固了起来，每根木桩上都涂上了金刚石般火烧不坏、水浸不蚀的勒域（ཀླུ་ཡུལ）金刚黏泥涂料。然后在石堆上铺设了一层铸铁砖并用铁水铸黏起来，上面又一层层铺上了山羊从澎波驮来的石板、青砖和木板。接着，按照寻常人家宅舍，打四方地基，大小如同一只木筏；按照世俗人家房屋，做百格窗棂；按照苯教徒习惯，地平上镶嵌了"卍"形图案；按照出家人习俗，殿堂内装饰得如同妙香室；按照咒师仪规，殿内绘制了十一忿怒明王坛城。柱子呈橛子形，天井悬垂璎珞，佛殿的外观作大尸林畏怖之状，以示三十七菩提分法（བྱང་ཆུབ་ཕྱོགས་ཀྱི་ཆོས་སུམ་ཅུ་རྩ་བདུན）[1]威仪。可是尼泊尔工匠白天修，

---

[1] 三十七菩提分法：三十七道品，即四念住、四正断、四神足、五根、五力、七觉支和八圣道支。

妖魔鬼怪就夜里拆。如此三番五次，最终还是未能修成。

尼妃赤尊不知所措，只好再次向陛下请教。赞布沉思片刻后说："我治下方域，乃八殊胜功德之地。就逻些此地而言，地貌呈八瓣瑞莲之形，天空现八辐金轮之状，四周显吉祥八瑞之相。想必凡有功德之处，必有地煞作祟。依我看，在逻些这地方，东西方有水怪兀立状之地煞，需镇之以海螺塔；东面的上部沙谷有罗刹女张臂状之地煞，需镇之以大自在天阳具塔；南面朱卡赛（ཕྱག་ཁ་སེར）有乌龟摄食状之地煞，需镇之以大鹏鸟喙塔；西面的桦林山有黑魔瞭望状之地煞，需镇之以黄塔；北面娘占至杜岱之间的山峦中有大象入阵状之地煞，而靠山峦西边的甘丹（དགའ་ལྡན）湖畔有厉鬼出没的通道，需分别镇之以石狮塔与白塔；在西北面的药王山上有女妖魔窟，需镇之以怙主圣像；在北面惹冒切的草甸上有龙王畏怖宫，需镇之以世尊佛像"（原注：赞布所说与文成公主堪舆相符）。

那么如何才能镇伏这些地煞妖魔呢？赞布又向旃檀本尊佛像祈祷，本尊佛像告之曰："请造立一尊陛下的替身像。"赞布问尼泊尔神变工匠道："你能否造立一尊我的替身像？"尼泊尔工匠回禀说可以。

于是赞布亲自为自己的造像备料。其中有神变比丘阿嘎惹玛德从八大圣地（གནས་ཆེན་པོ་བརྒྱད）[1]取来的圣土，有从尼

---

[1] 八大圣地：八大胜境，佛生处迦毗罗卫城龙弥尼林；初转法轮处迦尸国婆罗奈斯城鹿园；再转法轮处广严城；三转法轮处摩羯陀国王舍城边耆奢崛山；现神通处舍卫国祇陀园；成道处金刚座；苦行处尼连禅河东岸；入灭处拘尸那国跋兰河边婆罗林。

连禅河畔世尊苦行时放置过钵盂的地方带来的净沙，有摩揭陀国的菩提树中柱木和白旃檀足木，有准备安放进塑像内的菩提木雕像三尊，有作塑像心脏的蛇心旃檀木雕像一尊和用来作眼珠的珍宝两颗，还有瀛洲茅草、白旃檀木、蛇心旃檀粉以及草绳、铁钉、绸带等其他一些辅料。赞布把这些造像材料备齐后堆放在卧室榻前，并传旨请尼妃赤尊和汉妃文成天亮后来参加他替身造像的开光庆典。

夜半子时，赞布在梦中隐约看见诸佛与众菩萨煌然降临榻前，一晃复又离去，那些造像材料也随之不见了。赞布暗自庆幸自己将获得一尊可与诸佛与菩萨相埒，并得到加持的替身像。到了后半夜，赞布的脑海里隐约浮现着大悲观世音五十七种化身的形象，不知自己的替身本尊像究竟是其中的哪一位。是十一面观世音菩萨呢，还是千手千眼佛？是马头明王呢，还是六字观音菩萨？或者是不空绢索菩萨、羯沙流波坭菩萨、狮子吼菩萨、如意轮菩萨……

赞布还在梦境中寻思着，不觉得天已熹微。他起身一看，那堆造像材料已变成一尊十手十一面大自在大悲观世音菩萨像了。

这尊造像有十只手：其根本双手胸前合十；右侧的四只手自上而下一手托世尊佛像，一手握帝释天印，一手持金轮，还有一只手摁着大地；左侧的四只手自上而下一手拿净瓶，一手执金刚，一手捧瑞莲，还有一只手挽着良弓。

此像有十一首：其根本三首和颜悦色，洁白如玉，昭示着成就太平盛世之伟业，正面之首别具三只慧眼；根本三首之上是增广二首，面色金黄，笑颜永驻，预示着成就繁荣昌盛之大业；增广二首之上是威福二首，威严可怖，正义凛然，显示着成就威震天下之勋业；威福二首之上是忿怒二首，瞠目獠牙，面目狰狞，炫示着成就威猛宏伟之功业；最上面是阿弥陀佛之首，慈眉善目，红光满面。这尊造像洁白胜睡莲，俱全诸相好。上身穿鹿王皮肩帔，下身著五彩绫罗裙。此像身高齐阿弥陀佛之首以下与赞布丝毫不差。

赞布对尼泊尔神变工匠说："你造立的这尊本尊像实在是太妙了。你是否将天成蛇心旃檀佛像及三藏升如来三佛的舍利和菩提树中柱木，都安放进了造像内？"

尼泊尔神变工匠连忙回禀道："吉吉，赞布陛下，您的这尊造像非愚下所造。今天一大早，我正打算动手造像，没想到一尊美妙绝伦的造像已赫然坐立在陛下榻前。我当时还窥见这尊造像自个儿晃晃悠悠地用左手把短裙撩在左膝上，然后蜷起右腿自足心发出三道光芒，将蛇心旃檀佛像及如来三佛的舍利和菩提树中柱木全都收到左膝上后，化作一卵形之物纳入胸间，造像上的阿弥陀佛之首还左顾右盼来着。您看那神像撩在左膝上的短裙还没放下来的样子正是当时留下来的。"

这尊造像是雪域吐蕃天成造立的第一尊神像。赞布为之惊叹不已，喜不自胜。随后，赞布命尼泊尔神变工匠再造立一尊千手千眼佛像。

有一天，正值"天尽日"（གནམ་སྟོང་།）初更时分，赞布独自微服出访。当他走到南隅麝林苑的峭壁下时，见一群妖魔鬼怪正聚在一起议论说："吐蕃乃我等'非人'受用之地，可如今松赞干布崇兴佛法，还说要降伏我等。什么佛不佛、法不法、僧不僧的，我等须阻止崇佛，要让所有信佛行善的人们受尽疾病瘟疫之苦，霜冻冰雹之害，荒芜饥馑之灾。还要阻止赞布与后妃修建寺庙，过去他们修我们拆，以后要像陨石雨般去摧毁所有的佛寺神殿……"

赞布闻言，决意给这群魑魅魍魉一点颜色瞧瞧。他回宫后立刻向天成十一面大悲观世音像祷祝。大悲观世音像随即自增广二首发出红绿两道威光。忿怒绿甘露旋明王借直射扎拉女妖魔窟的绿色威光，挥舞金刚杵，所向披靡；忿怒红马头明王藉直射南隅麝林的红色威光，口喷火团，烧着了林中的毒树，毒气顿时四处弥漫，聚集在这里密谋的妖魔鬼怪被毒气熏得晕头转向。赓即，红绿二忿怒明王又从鼻孔中喷出末劫烈焰飓风，把妖魔鬼怪统统席卷到外咸大海的荒岛上去了。当那群妖魔鬼怪苏醒过来后，只能手搭凉棚遥望雪域哀叹了。

在冲天的熊熊火光之中，阿弥陀佛、羯沙流波垭和马头明王的影像，赫然映照在药王山下的峭壁上。赞布见之惊喜万分，急命尼泊尔石匠描摹凿刻下了映照在峭壁上的众神之像。这一圣迹至今仍被称作"拉见当"（ལྷ་ཅན་གདོང་།）。

造圣像竟自天成，除妖魔尽皆调伏之第十三章竟。

第十四章　修建逻些神殿

次日，赞布问尼泊尔神变工匠道："昨晚你可曾看见现身于两道光芒之端的忿怒二王？"回答说："有幸亲眼看见。"赞布又问："你能否造立这两尊忿怒二王的造像呢？"尼泊尔工匠说可以。

没过几天，尼泊尔工匠就造好了四头六臂的忿怒甘露旋明王和马头明王的造像两尊。随后他又遵赞布之命，相继造立了羯沙流坡埿菩萨和观自在菩萨像两尊；不空绢索菩萨和如意宝轮八地菩萨像两尊；阿鲁救度佛母、光明仙女佛母、金刚忿怒佛母和救度八难佛母等彩塑四身。至此，包括天成十一面大悲观世音菩萨像在内，共造立诸佛与菩萨像十一尊。也有人说共造立大悲观世音及其弟子徒众造像九尊。

赞布所造立的这些本尊像，均安立供奉在陛下的正宫后妃珀岗董妃赤尊（ཕོ་གོང་སྟོང་བཙན་ཁྲི་བཙུན། 译注：应为蒙妃）修建的逻些卡扎（ལྷ་ས་མཁར་བྲག）佛殿。此后，赞布经常住在卡扎佛殿，时时供奉十一面观世音菩萨等十一尊神像。赞布的第二位妃子是苯波女象雄妃赤尊（བོན་ཞུན་པོའི་བུ་མོ་ཞང་བཙན་ཁྲི་བཙུན།），她主持修建了腾博古巴佛殿（ཐེམ་པུ་གོག་པ་ལྷ་ཁང་།）；第三位妃子是木雅女东妃赤尊（དུ་ཡོང་སྟོང་བཙན་ཁྲི་བཙུན།），她主持修建了哲拉贡布佛殿（བག་ལྷ་མགོན་པོ་ལྷ་ཁང་།）。东妃赤尊还在女妖魔窟旁的一岩壁上勒石作大日如来佛像。另在宫殿的西北面，为阻断厉鬼出没的必经之路造立了一座白塔，并举行了佑僧仪式。若不造立此塔，厉鬼将侵害吐蕃出家人的性命；第四位妃子是里域女童妃赤尊（ལི་ཡུལ་གཞོན་ནུའི་བཙུན། 译注：应为董妃），她主持修建了逻些棋苑佛殿（ལྷ་ས་མིག་མངས་ཚལ།）。松赞干布的上述四位后妃均系吐蕃女子，传说她们是四供养天女的化身。再后是白度母化身尼妃赤尊，她主持修建了逻些幻显神殿（大昭寺）；最后是绿度母化身汉妃文成赤尊，她主持修建了逻些惹冒切寺（小昭寺）。

尼妃赤尊意欲神不知鬼不觉地建造佛殿，她择一细雨霏霏、大雾蒙蒙的日子又向赞布求助。赞布为使雪域消灾避难，弃恶扬善，积德求福，弘倡佛法，成就善业，也为了履行他对赤尊公主及其父王的承诺，决意亲自建造佛殿。

赞布摇身一变，幻化出化身五千，有的运土，有的搬石，有的伐木，有的解板，有的和泥，有的垒石，有的砌砖，有的边唱号子边打墙。这五千化身，东面干的东面干，西面忙的西面忙，南面修的南面修，北面盖的北面盖。雨雾蒙蒙之中，只听得人声喧闹，沸腾一片。然而，拔地而起的神殿，转眼间又被鬼怪夷为平地。

赞布松赞干布经与文成公主商议并缜密堪舆之后，得知雪域之地呈罗刹女偃卧之状，其头、肩、肘、髋、膝、足等部位非镇压不可。就像在四肢灸艾一样，需在"四茹"修建神殿（དུ་བཞིའི་མཐའ་འདུལ་གཙུག་ལག་ཁང་།）[1]来镇伏罗刹女的四肢。

于是，赞布又变幻出众多工匠，在乌茹建噶采寺（ཀ་ཚལ།），置二十一居士道场以镇罗刹女右肩；在夭茹建昌珠寺（ཁྲ་འབྲུག），置八大星曜道场以镇其左肩；在也茹建藏章寺（གཙང་འབྲང་།），置四大天王道场以镇其右髋，在运茹建准巴江寺（གྲུམ་པ་རྒྱལ།），置喜金刚华博央智巴道场以镇其左髋。以上是建造在四茹的四佛寺。

接着又为镇压各关节部位（ཡང་འདུལ་གཙུག་ལག་ཁང་།）[2]，在东南方建贡布博切寺（སྐོང་བུ་བུར་ཆུད།），置大黑护法道场以镇其右肘；在西南方建洛扎空塘寺（ལྷོ་བྲག་མཁོན་མཐིང་།），置五部佛道场以镇其左肘；在西北方建江察希昂钦寺（བྱང་ཚལ་ཞི་དབང་ཆེན།），置大宝道场以镇其右膝；在西南方建门奔塘吉曲寺（མོན་བུམ་ཐང་སྐྱེས་ཆུ），置莲花灌顶本尊道场以镇其左膝。其结果仍未能镇伏罗刹女。

继而又在东面的多康（མདོ་ཁམས།）建隆塘（ཀློང་ཐང་།）度母寺，

---

[1] 镇肢寺庙：松赞干布时依堪舆之说在卫藏四茹修建了四座镇压罗刹女四肢的佛寺，称之为镇肢寺庙。即在乌茹修建了噶采寺（ཀ་ཚལ། 或 བཀའ་ཚལ།），以镇罗刹女的右肩（寺址在今墨竹工卡县噶采地方）；在夭茹修建了昌珠寺（ཁྲ་འབྲུག），以镇罗刹女的左肩（寺址在今山南乃东昌珠地方）；在也茹修建了藏章寺（གཙང་འབྲང་། 或 གཙང་འགྲམ།），以镇罗刹女的右髋（寺址在今后藏日喀则）；在运茹修建了仲巴江寺（གྲུམ་པ་རྒྱལ།），以镇罗刹女的左髋（寺址在今后藏拉孜县境）。

[2] 镇节寺庙：继四茹"镇肢寺庙"建成之后，松赞干布又修建了四座镇压罗刹女左右肘和左右膝等关节部位的佛寺四座。分别为冈布博切寺（སྐོང་བུ་བུར་ཆུད།）、洛扎空塘寺（ལྷོ་བྲག་མཁོན་མཐིང་།）、江察希昂钦寺（བྱང་ཚལ་ཞི་དབང་ཆེན།）和门域奔塘吉曲寺（མོན་བུམ་ཐང་སྐྱེས་ཆུ）。随后又建镇压左右掌、左右足及阴部的寺庙五座，分别为隆塘度母寺（ཀློང་ཐང་སྒྲོལ་མ་ཁང་།）、博尔切噶札寺（བལ་ཆན་ཀ་བྲག）、札登则寺（སྤྲ་དུན་རྩེ།）、绛巴镇寺（བྱམས་པ་སྤྲིན།）和仓巴朗伦寺（ཚངས་པ་རླུང་གནོན།）。

置伏魔道场以镇其右掌；又建泊尔切噶扎寺（བལ་ཅད་ཀ་བྲག），置毗沙门道场以镇其左掌；在西北方建扎登则寺（སྟ་དུན་རྩེ），置九神殿道场以镇其右足；在西南建绛巴镇寺（བྱམས་པ་གླིན），置土地神女道场以镇其左足。此外还建造了一座仓巴朗伦寺（ཚངས་པ་ཀླུང་གནོན），以镇其阴部。

如上所述，唯恐文字烦冗，故只求事实确凿而不求详尽无遗。其详情记于后妃遗嘱《圣洁素绢》及十六大臣遗嘱《如意月宫》等典籍。

当这些镇妖寺庙及镇伏四隅地煞的寺庙均告建成之后，赞布心想建造逻些神殿的时机已到，于是又变幻出化身五千。他为了惩治猕猴父、罗刹母的后代中那些恶贯满盈的不肖子孙，先行调遣勇士化身一千，将所有不法之徒尽皆收监囚禁，并施之以斩首、剜目、剥皮、砍手、刖足、枷脚、火烙、镣铐、棍杖、石砸、穴囚以及土刑、火刑、风刑等种种酷刑。与此同时，松赞干布亲率其余四千化身工匠来到神殿建筑工地。赞布亲自掌尺，四千化身工匠采石的四百、运石的四百、伐木的四百、拉运的四百、剁柽柳的四百、和泥的四百、送泥的四百、上泥的四百。其余的解板的解板、刨料的刨料，雕刻的雕刻、绘画的绘画、上漆的上漆，大家干得热火朝天。逻些的邑民们不时隐约听到噼里啪啦、丁零当啷的声响。

此番建造的逻些幻显神殿，地基呈四瓣瑞莲形，四隅作御敌花翎状，其外表依照声闻坛城形状，内里仿照护法坛城式样，正殿山门按照向尼泊尔国王的承诺面朝西开，大大小小的窗棂整齐而精致，所用的石料皆取自桑普。

当潇潇雨歇，蒙蒙雾散，熙来攘往的喧闹声也随之平静下来。这时拔地而起的逻些幻显神殿只剩下搭盖屋顶了。赞布意欲即日完工，众化身工匠遵赞布之命，上顶的上顶，装饰的装饰，绘画的绘画，又一鼓作气干了起来。

往日只有赞布一人需要用膳，其他化身工匠毋需进餐。尼妃赤尊每天都给赞布亲自烹饪送去十三种美味佳肴和头道甘醇米酒。其实，也只有尼妃一人能从赞布的五千化身工匠中认出赞布本人来。这天尼妃听到文成公主的仆人谗言说："陛下只把尼妃赤尊挂在心上，而把万般辛苦的文成公主忘在脑后……"为此她心中闷闷不乐，便借故梳洗打扮，随便打发了一位侍女去给赞布送膳。

这侍女到了工地后一看，只见到处都是头系红绫带，个个都和赞布一模一样的人，她怎么也辨认不出究竟哪一位是赞布陛下本人。便又返回来禀告尼妃说："我认不出哪位是赞布陛下呀！"

尼妃赤尊说："没什么不好辨认的。在神殿的坛城上面有一位身材魁梧高大、头顶上红殷殷的绫带裹着一尊阿弥陀佛像的便是赞布本人，他正在雕刻柱子上的飞檐狮子像。其他人虽然和赞布一模一样，但都是陛下的化身，他们头顶上都没有阿弥陀佛像。你回头再去仔细辨认就能找到。见到陛下后，你若不能把御膳端到他手里，搁在他面前也行。"

那侍女回头又去挨个儿寻找，当她找到陛下跟前时，立刻被赞布的神威怔住了，况且御膳让她端来端去地早已凉透了。侍女一时不知所措，匆匆把御膳丢在陛下的面前转身就往回跑。

侍女这一跑，赞布瞥了她背影一眼，心想赤尊公主不应如此无礼。就在这一瞬间，赞布斧子一偏，把正在雕刻的狮子像的鼻子给劈掉了。这下子其他化身工匠也手起斧落，把飞檐上狮子像的鼻子都统统削掉了。据说这一失手，将导致雪域在世界坏灭之末劫，世俗众生因背信弃义而断子绝孙，抑或祖宗三辈因背誓渝盟而殃及后代。不过唯独有一只狮子像有鼻子，那是当时为了拉墨线，将宝瓶柱上的狮子鼻子用犀牛角胶重新粘上去的。借此功德，当边塞发生战事时，菩萨将会现身显灵，化干戈为玉帛。

赞布接着又失手凿穿了一块木板，其他化身工匠也随之凿穿了一块块木板。据说这一过失手，将导致吐蕃人心直口快，嘴巴不牢，且所作所为不中肯綮。

赞布随后又不慎锯口一偏，其他化身工匠也偏了锯口，结果把所有柱子的棱角都给锯掉了。据说这一过失，可能会使吐蕃人在末劫到来之际，法度废弛，恶行肆虐，咒师无能，咒语不灵，僧人失戒，众生永无超脱之日。

赞布本人及其化身工匠如此再三失误，其原因是猕猴父、罗刹母的子嗣中那些愚顽之辈，无端逸言赞布与后妃（译注：指文成公主）所致。此之罪过，可使俗人无法无天，咒师咒术不灵，僧侣不持戒律，这都是挑拨离间的恶果。所以说"僧徒因嚼舌而嗔贪，俗众因逸言而结怨，骨肉因挑拨而相残，部族因离间而争战"。搬弄是非，后患无穷，挑拨离间，罪孽深重，故至死不可为之。

赞布对自己一再失手，也颇感莫名其妙。他心想自己如此竭力劳作，而赤尊却不能尽心侍奉。本打算神不知鬼不觉地建成神殿，可偏偏让那俗人侍女把一切都看在了眼里。这样一来，我即便有再大的变化神通，往后又有何益！赞布为此快快不快，他顺手抄起斧子在一化身工匠的背上轻轻敲了一下，顷刻间，所有的化身工匠一个个都变成了茅草、石子、木屑、炭渣和羊粪蛋儿什么的了。空中的祥光彩云随即消散，神殿内顿时变得空空如也。

那侍女惊慌失措地跑回去后，向女主子禀告了方才发生的事，尼妃大惊失色，匆匆赶往工地。她在河边碰见了肩扛着斧子、满脸阴沉正往回走的赞布陛下，尼妃连忙向赞布赔罪并请求宽恕。在尼妃的再三恳求下，赞布又变幻出一千个化身工匠继续修建逻些神殿。

与此同时，寻常人所见到的情景是：赞布用斧背轻轻敲了敲一化身工匠的后背，所有的化身工匠一个个随即变成了木屑、茅草、石子、木炭和羊粪蛋了；大臣们所看到的情景是：化身工匠们从石墙上一晃就不见了踪影；而赞布和众后妃则见：众天神与空行相伴而至，将殿堂修建、装饰得雕梁画栋、金碧辉煌。

这天傍晚，忽然电闪雷鸣，又听到阵阵鼓声传来。逻些城里的人们纷纷议论道，为何偏偏在这黄昏时分阵阵鼓声催人呢？此刻夜色已暮，乌云滚滚，雷电交加，眼看暴风雨就要来临，莫非是赞布怕尚未盖好屋顶的神殿被雨淋了才击鼓召集民众。逻些的邑民纷纷带着褐子、毛毡等各种雨具，蜂拥前往北面的沙洲。当人们争先恐后赶到工地时，赞布的化身工匠已在夜幕中建好了神殿。

这时，大臣说他们亲眼看见在神殿的屋顶上，众多化身工匠手拿肩扛着斧、凿、锯、锛，令人好不惊奇。跑在前面的人说他们有幸看见了好多化身工匠，而走在后边的人说他们虽然不曾眼见其人，但却耳闻其声云云。逻些神殿（下殿）落成后，逻些的邑民才知道这完全是赞布陛下显现化身的成就，皆为之惊叹不已。

次日，赞布打算在刚落成的逻些神殿中，择一殿堂安立天成十一面大悲观世音师徒等九尊神像，于是就先来到坐东朝西的左、中、右三后殿察看。他步入后中殿，只见光环下不动如来佛师徒九人正在论辩大乘佛法，赞布不禁大喜；当他走进后右殿，见无量光佛师徒九人正在一起辩经；来到后左殿推门一看，见弥勒法轮佛师徒也正在一起说法；赞布转而又来到南侧的上下二殿，在上殿见四位慈尊菩萨正在辩经说法，进下殿则见众财神瞻婆拉围着不动金刚佛一起商量降伏雪域妖魔之良策，其中一瞻婆拉正起身向不动金刚进献一稀世伏藏宝瓶。随后，赞布又去北侧的上下二殿视察，他在北上殿看见弥勒沐浴佛也正在给众弟子讲经。赞布对诸佛与众菩萨的如此之举甚是欢喜。

赞布最后来到北下殿。此殿宽敞高大，富丽堂皇，尤其是殿门向南朝着天竺金刚座而开，正好预示天竺善法将在吐蕃之地弘传。赞布觉得在北下殿供奉他的天成十一面大悲观世音本尊佛及其弟子等九尊佛像再合适不过了。

当赞布刚迈步走出殿门，要去迎请安立这些佛像时，阿亚巴洛（ཨཱརྻ་པ་ལོ）的化身薄伽梵龙王突然腾云驾雾而至。此化身体形似人，浑身银白，一面三目，头悬二十一条蛇首华盖，身坐二十一条蛇宝座，背靠二十一条蛇身靠背，双腿左盘右伸，双手舞着一条银链似的白蛇。他按下云头向赞布揖礼并献上

第十四章 修建逻些神殿

那条白蛇银链后启请道："赞布陛下，我愿护持此神殿免遭小千世界之危害，请陛下为我造立一尊像。"说完随隐身而去。

赞布没走几步，又被金刚手大势至的化身三眼五蛇首黑欢喜龙王拦住。他向赞布施礼后启奏道："赞布陛下，我愿护佑此神殿不受中千世界之危害，有请赞布为我造像一尊。"话音刚落他就不见了。

紧接着赞布又遇见文殊菩萨的化身九蛇首红近喜龙王。他向赞布施礼后奏道："我将护持此神殿免遭大千世界之危害，启请赞布为我造像一尊。"说罢即遁形而去。

随后，赞布一路上又接二连三地遇上马头十颈青罗刹王、楞伽古必惹三头紫黑夜叉王、二首五髻赤面干达婆王。他们分别给赞布献上金沙和金绳，许诺要护佑神殿不受火、人和非人的侵害，并请求给他们造像。

赞布仰望南天，见手执十二指铁斛，集天下美女之华饰于一身的吉祥天母现身叩礼，请求给她造像并承诺护佑神殿免遭水灾之害。赞布回首北望，又见手持紫檀梃杖和宝剑的持梃护法神现身揖礼并献上各种资粮，承诺护佑神殿不受女鬼侵扰，并请求赞布为他造像。

赞布回到王宫后派各路信使传诏：命十六位大臣备好车辇、皮绳、乐器、供品等物，令城中邑民穿戴一新，听击鼓为号，悉来王宫殿前举行迁移安立佛像的庆典。赞布还让尼妃赤尊设丰盛供奉，备盛大喜筵，并安排人们次日在红铁二山之间的卡扎神殿至逻些幻显神殿的道路两边载歌载舞，夹道恭迎迁移十一面大悲观世音等九尊神像。

这九尊神像平常由大臣和十六位供养女敬献供品。俟次日凌晨，十六位供养女像往常一样前来敬献供品时，眼前一尊神像也没了，只见地上散落着一朵朵红、白、蓝、绿的花朵。

"神像怎么会不见了呢？"供养女顿时惊呼起来，人们闻讯赶来想看个究竟。

这时王宫里的一只巧舌鹦鹉说起话来："你们这些女子为何惊呼乱叫？"

供养女说："陛下的神像怎么连一尊也不见了呢？"

鹦鹉颇为不悦地说："昨晚半夜时分，我见众神像相互施礼并撒下一朵朵鲜花后，从天窗鱼贯而出，朝东北面的沙洲方向去了。在它们经过的途中，一定会有撒落下的鲜花，如果不信，你们可去看看。"

听鹦鹉这么一说，赞布半信半疑地和后妃、大臣以及邑民们一起前去察看。他们果然找到了众神清晰可辨的足迹上开出的莲花。在半路上，他们遇见一个哑巴姑娘，她指着逻些幻显神殿的方向，嗯嗯啊啊地比画了好一阵子。

赞布君臣来到逻些幻显神殿后，尼妃赤尊的坐骑白骡喷着鼻息径直朝北下殿走去。人们到北下殿一看，只见大悲观世音居中，右侧依次是观自在菩萨、金刚忿怒佛母、光明佛母和甘露旋明王；左边依次是空行羯沙流波坭、妙音菩萨、度母和马头明王。诸神像没有一个是坐着的，一个个赤足伫立。赞布见此情景不禁感慨道："诸神像赤足而立，无一就座，乃昭示后世出家人皆应一心向佛，潜心修习，须不顾一己之安逸福乐，要像慈母疼爱稚子一样，去护佑、利乐贫困、烦恼、苦难的众生！"

此时此刻，面对如此奇迹，赞布和后妃、大臣及随行的邑民们都情不自禁地双手合十，肃然起敬，随即君臣仆下皆成等正觉。

过了没几天，赞布命尼泊尔画工在神殿的北下殿四壁绘制壁画。画工将颜料、画笔、尺子和调色盘准备好后，放在北下殿的树形柱下，打算次日动工绘制壁画。可是第二天一大早，当画工随同赞布一起来作画时，却见南面的墙壁上一幅三头八臂白空行羯沙流坡坭和救度八难度母的画像，以及降伏一切洲之图的巨幅壁画已赫然在目。备好的颜料一点也没剩下，而且绘画技法一如尼泊尔风格。赞布连连赞叹道："妙哉，妙哉！"

随后，赞布变幻出许多化身，与尼泊尔画工一起精心绘制了白马头明王、观世音菩萨和神女、度母的壁画五千余幅。

在宝瓶柱上还绘制了一则故事。故事讲的是在天竺巴玛布尔玛城里（པར་མ་བུར་མ།），有一位名叫达瓦的王子，他想娶下贱的旃陀罗种姓的一女子为妻。朝中一老臣再三劝告他说邪念乃万恶之源，可王子还是一意孤行……这则故事寓意：凡事要三思而行，若事后追悔，则如同黄鼠狼或轻浮的女子；做事要善始善终，若心猿意马，就好像连蠢猪都打不到的猎人。此外，还绘制了诸如《婆罗门女苏吉尼玛》和《阎王摇铃女》等壁画故事；在上梁的狮首梁端绘制了迎娶赤尊公主时昼舞伎在尼王座前轻歌曼舞的情景；在北梁的梁端绘制了夜舞伎的婀娜舞姿；为昭示后世子侄君臣，在横梁上绘制了经藏图；为顶敬僧伽应供处，在立柱上绘制了律藏图及龙王埃拉达画像（ཨེ་ལའི་འདབ།）；在藻井上绘制了论藏图；为启迪后人的智慧，还在北面的护房墙壁上绘制了许多帝俄（谜语）图。

赞布在闲暇时，经常与臣民们在一起猜谜语，以此启迪吐蕃人的智慧。其情形举如，赞布问"亭尼巴哇希下赛"（ཞིམ་ཉེར་ཉེར་སྤ་བ་ཕྱིས་ཤ་མེ།）是什么？臣下怎么也猜不出来，赞布就把谜底画在地上，原来说的是"塔"。赞布曾开玩笑出了这样一个谜面："一根红棒进进出出，两片钳口闭闭张张，一把榔头敲敲打打。"臣下交头接耳猜了好一阵子，都猜想是男女交欢之事，赞布却笑着在地上勾勾画画道出谜底：原来是"打铁"（མགར་བ་ལྱགས་རྡུང་བ།）。

赞布为了让治下臣民了知教义，信奉善法，他经常亲自到民间现身说法。有一天，他装成病人到集市上问病于卦师，卦师施之以"神变空行鹿法"为其驱鬼禳病。人们对卦师的本领赞叹不已。赞布则现身向众人宣说三恶趣与轮回之苦要比疾病更为痛苦的道理，可人们不以为然。他便结合教义解说业果，并讲述诸如"大力猴巴拉玛达"等许多故事，这才使臣民渐渐对佛法奥义有所领悟并产生了信仰。

赞布为使臣民能直观地领悟深奥的佛法教义，在神殿里绘制了许多壁画故事，诸如《鹦鹉的故事》《猴的故事》《鸟的故事》等等。

赞布为了向臣民揭示获得"三学"果位（原注：所谓三学即佛宝之学、法宝之学、僧宝之学），要比祛病延年更为有益的道理，并使"三学"易于修习，他将苯教的一些神变幻术，诸如"鹿说人语""鸟翔天空""骑士赛马"等，也纳入"三学"的修习之列。还把雍仲苯教的神变幻术"空行鹿法"刻绘在神殿的树形柱内侧。

第十四章 修建逻些神殿

其实，苯教的祖师兴饶穆沃（བོན་སྟོན་པ་གཤེན་རབ་མི་བོ་）[1]也是大悲观世音菩萨的化身。昔人寿二万岁时，饮光佛部住灭而释迦牟尼之善法尚未发端。在此期间没有任何教法，诸有情烦恼痛苦不堪。于是，大悲观世音菩萨垂悯亲临雪域西部象雄地方，化身为兴饶穆沃祖师，携雍仲菩提萨埵（གཡུང་དྲུང་སེམས་དཔའ་སེམས་དཔའ་）弟子徒众，长久利乐南赡部洲众生。故苯教也有所谓"顶礼圣者观世音，化现普度诸有情"之赞辞。

继世尊释迦牟尼在天竺示现十二相成道，赞布松赞干布在逻些幻显神殿又造十二宏化。赞布的如此圣绩，在忿怒秽迹金刚像（ཁྲོ་བོ་སྨེ་བརྩེགས）背后的八塔（མཆོད་རྟེན་བརྒྱད་པ）上刻有文字为证。

一日，赞布召见尼妃赤尊说，我一为履行对令尊尼王的承诺，二为雪域众生有应供之处，三为摒弃一切邪恶、弘扬所有善好之故，建造了逻些幻显神殿，并将正殿山门及所有内殿之门都朝南向着尼泊尔而开。

赞布随后按他在察看逻些幻显神殿时的神变之所见，命尼妃赤尊在后正殿造立如来不动光佛及其弟子徒众之像九尊；在后左殿造立弥勒法轮佛及其弟子徒众之像八尊；在后右殿造立无量光佛及其弟子徒众之像九尊；在后南殿造立不动金刚佛及其弟子护法大力神、宝瓶财神瞻巴拉等徒众之像九尊。所有这些佛与菩萨像都要用菩提树、白旃檀和蛇心旃檀之木，赡部洲八大圣地之土，尼莲禅河畔和天涯海角之沙来塑造，双目要用珍宝镶嵌。另外，在正殿的

---

[1] 兴饶穆沃：佛、苯史籍均称其为吐蕃原始宗教——苯教创始人。相传与释迦牟尼同时代，生于古代象雄（即汉史称羊同属地），今西藏阿里札达县境沃莫隆仁地方。

左右侧殿，要造立护法神及财神鸠跋罗之像，在神殿的南面再建造一座龙王殿。还要在幻显神殿中布设十二处坛城，并在每个坛城上造立一尊佛或菩萨像，以示逻些的四面八方依此划分为十二小洲。东为瞻巴拉，南为弥勒佛，西为迁叉姆（ཁྱམས་ཁྲི་མོ），北为四大天王，东北为金刚手与文殊菩萨，东南为怙主观世音与不动如来佛，西南为羯沙流波坭与圣水王，西北为无量寿与多闻子。这样一来，在雪域吐蕃之地，凡不为如来所伏、不崇信佛法、不入三学的愚顽不化之徒，都将受到佛法与王法的调伏与惩治，从而使治下臣民遍沐善法甘霖。

赞布松赞干布还就埋藏伏藏（གཏེར）之事及其诸种功德，告知尼妃赤尊说："为使善法在我雪域吐蕃昌兴，可在树形柱下埋藏佛法伏藏，借此功德，我子嗣王统及雪域众生将世代弘扬佛法不渝；为使我治下善男信女的子孙后代免遭侵害，可在蛇形柱下埋藏威猛咒力伏藏，借此加持，但凡信解向往圣地逻些的人们都将得到护佑；为了回遮边邦邻国的恶咒祸害，可在狮形柱下埋藏回遮恶咒伏藏，借此福力，但凡景仰圣地的人们均可免遭不测。若在树形柱附近埋藏医方明伏藏，借此功德，可免除瘟疫疾病之苦；若在宝瓶柱附近埋藏珍宝伏藏，借此功德，可使吐蕃之地物阜民丰，风调雨顺，物华俱盛；若在逻些神殿的各坛城之下埋藏奇珍异宝伏藏，借此功德，可使庙宇常新，香火不断，一旦雪域崇佛之势衰败，便有超凡之者再度昌弘佛法如昔；若用蛇皮包裹一块德夏帝瓦（རིན་པོ་ཆེ་ཤུག་པ་དེ་བ）宝石放入猫睛石（གཟི）宝匣里，把它藏在龙王薄伽梵像的拇指中，借此功德，可平息龙妖地祇之患，使雪域之地人丁兴旺；若在一小铜箱内置一盛满珍馐佳肴的蓝宝石钵盂，将此伏藏埋藏在迁叉姆像之下，借此功德，四面八方的善男信女，将会川流不息地前来圣地逻些朝拜并享受无尽的受用；若在逻些神殿的所有柱子下都埋上我佛如来的舍利伏藏，借此功德，可阻止异教邪说在雪域吐蕃发端繁衍。"

此外，若在夭茹昌珠寺埋藏龙神伏藏，在洛扎空塘寺埋藏雍仲苯教伏藏，借此功德，后世俗人将受益无穷；若在隆塘度母寺埋藏历算伏藏，在工布布楚寺埋藏心咒伏藏，在后藏仲巴江寺埋藏解义参禅伏藏，借此功德，后藏之地将会高僧大德辈出；若在大威德寺埋藏历代王室遗物伏藏，借此功德，可使我吐蕃王统延续不断；若能埋藏妙计良策之伏藏，则多多益善。借此功德，可使雪域吐蕃之地敌寇无犯，人畜兴旺，佛法昌盛，有德辈出，邻里和睦，僧徒礼让，咒语灵验，万事胜意，风调雨顺，五谷丰登，弃一切恶坏，扬一切善好。盖于四面八方，但凡妙好之处，都应神不知鬼不觉地埋藏各种附魂之物及金银珠宝、谷物兵器等各种伏藏。还应在每一尊造像中都放入一只装有十三粒如来舍利子的小银匣……

赞布松赞干布在尼妃赤尊填湖建寺屡屡遭毁期间，为镇压罗刹女四肢关节，在四茹的四面八方以其变幻神通修建了昌珠寺、空塘寺、崩塘寺、冲仲巴寺、大威德寺、乌茹噶采寺、札登则寺、隆塘度母寺、工布布楚寺、仓巴朗伦寺、卓盖札寺等一十二寺。随后，赞布陛下这才幻化出数千化身工匠，七天七夜之间便将逻些幻显神殿（下殿）建成，尼妃赤尊的夙愿也终于得以实现。

赞布松赞干布协助尼妃赤尊建造逻些幻显神殿下殿之第十四章竟。

第十五章　赞布善业圆满

唵嘛呢叭咪吽。

逻些幻显神殿落成时，赞布松赞干布年方 34 岁，尼妃赤尊公主和汉妃文成公主与赞布同龄。

松赞干布为了让一切善好昌行雪域而深谋远虑，励精图治。他深知若不遏止摒除一切恶行，那么任何善好便无从做起。故而他为了惩治歹徒，杜绝恶行，并为了防止日后乱世之时恶人横行，神秘莫测地埋藏了无以数计的凶猛而又高妙、灵验而又快捷的伏藏。

赞布对伏藏的如何制作，如何选址埋藏，如何寻找掘藏，掘藏后又如何使用等都有详细的交代和嘱咐。尽管这些在赞布的遗训中都有详尽的记述，但因虑及如果时机尚不成熟，伏藏便被贸然掘出，抑或落入居心叵测的歹徒之手，必将祸国殃民，以致后患无穷，故我等阿底峡尊者主仆于此从略不表。

赞布遗训中还记述道：为使雪域众生免遭龙妖地祇作祟带来的麻风病之害，命在逻些幻显神殿殿前造立镇伏龙妖塔；为免遭夜叉作祟带来的瘟病之害，命造立忿怒吉祥天母塔；为防止罗刹九城之主斯巴寅戈（སྲིད་པ་གཡེན་དགུ）侵占祸害吐蕃之地，命造立与之相应的镇妖塔并加以祭祀。只有这样，方可保善业有成，济利苍生。

是年，赞布松赞干布一来为了安边固防，二来为了以自己的神变之力使汉唐百姓敦睦安乐，并普度彼等尽皆往趋极乐世界，他命内臣那阐布留守本土代为摄政，自己亲率众臣，携精良物品挥师东进汉唐。

随军出征的大臣有大译师屯米桑布札和大臣噶尔东赞玉桑以及法臣年华德祥、芒墀觉日朗赞、琼波玉桑则、觉如达嘉芒布杰桑勒、觉如坚、钦芒杰芒洛、涅华贝厄觉、博姜央让、觉如坚雅贡萨、智赛日岗敦、涅赤萨央敦、贝赞桑巴列、努尼东锐奏隆、兰代墀桑洛赞等十六大臣。

松赞干布率兵辗转进抵五峰山（རི་བོ་རྩེ་ལྔ། 译注：地望未详）后，应汉唐皇帝之请，以其幻变神通建造了一百零八座寺庙，且座座寺庙的山门都朝着京都而东开。寺庙中的所有佛像、佛经和佛塔亦随之天成自现。法王松赞干布在五峰山驻留期间，广为讲经说法，转动弘扬善法之法轮，消除了汉人中邪恶之徒的孽障，使汉地呈现出将如期获得佛与菩萨正果的诸多吉兆。

在赞布出征汉地期间，尼妃赤尊从尼泊尔延请了一千名父姓工匠，仿照下殿的建筑规模、构造及式样建成了逻些幻显神殿上殿。

尼妃赤尊按照赞布陛下当初视察下殿时的幻变之所见和授意，造立了密宗事部三怙主、男女夜叉等诸佛与众神鬼的造像及龙王神殿，雕塑了赞布及诸后妃的塑像。在北面护房的四壁绘制了许多神话、故事和谜语的壁画，并把这些内容用文字书写了下来。在门楣上彩绘了七佛画像，另在上殿还绘制了许多度母等佛母天女像。尼妃赤尊还遵照赞布的授意神秘莫测地埋下了许多伏藏。

尼妃所建上殿，是由一千名尼泊尔工匠仿照下殿，耗时十三年才建成的，而下殿只用了七天七夜时间，便由赞布的化身工匠建成。由此可见，神变化身工匠与普通工匠之间的差别竟如此之大。

松赞干布在汉地共建造了一百零八座寺庙，因其中最后一座寺庙和赞布的本尊像是在"热岗"（རང་སྒང་།）地方落成并安立的，故所有这些寺庙都被称之为"热岗庙"。赞布陛下应汉唐皇帝之请，如数建成一百零八座寺庙后，便率众西归故土。

赞布回到逻些后，得知王子贡松贡赞不幸夭亡，芒松芒赞降生。尼妃赤尊修建的上殿刚刚落成，其形状远远看去，宛如一个倒扣着的巨大斗升。

赞布与十六大臣一到逻些，风尘未洗就匆匆前去观瞻尼妃修建的上殿。内臣那阐布拿着五彩织锦垫走在前面，他刚跨进大殿门槛，见殿内雕梁画栋，四壁生辉，可地平上怎么会一片银光闪亮呢？他心中一怔，心想这大殿原本是建在卧塘湖上的，莫非是渗水了吗？遂脱口惊呼道："大殿渗水了！"赞布闻声止步，心里正嘀咕之际，尼妃笑声朗朗地解释道："这地平的砖缝是用金银戒指和各种宝石镶嵌而成的。"赞布这才放下心来。步入大殿后赞布站在一偌大的坛城上，他环顾这座普通工匠修建的上殿，大喜并称赞道："此殿可与我幻化神通所建神殿相媲美啊！"逻些幻显神殿缘其当初是用一千只山羊从乌茹澎域多麦（དབུ་རུ་འཕན་ཡུལ་གྱི་མདོ་སྨད།），一个叫滕博古巴（ཞེམ་བུ་སློག་པ།）的地方驮来土石修建的,所以从那时起,人们也叫它惹萨墀囊（ར་ས་འཕྲུལ་སྣང་།羊土神变寺）。

如上所述,法王松赞干布圣迹卓著,至此大功圆满告成。

赞布的众后妃也都一一先后兴建了自己的寺庙。汉妃文成公主在她初到逻些时驻扎过的地方,沿当时用布帛圈围的轮廓砌起院墙,用五百随行从汉地抬来的四根树干做立柱修建了惹冒切寺（小昭寺）,该寺的大殿山门朝东而开。文成公主从唐都带来的释迦牟尼 12 岁等身像,安立在神乐与龙喜二位大力士塑像抬着的宝座之上。这尊金像原来是向西面朝赞布王宫（རྒྱལ་པོའི་རྩེ་མཁར།）安立的,惹冒切寺建成后便面朝东方而安立。

珀岗蒙妃赤尊（པོ་གོང་མོང་བཟའ་ཁྲི་བཙུན།）修建了木质结构并使用了金银铜铁等材料的卡扎寺（མཁར་ཐག）；象雄妃赤尊（ཞང་ཞུང་བཟའ་ཁྲི་བཙུན།）修建了土木结构并使用了金银等材料的也巴滕博古巴寺（ཡེར་པ་ཞེམ་བུ་སློག་པ།）；木雅妃赤尊（དུ་ཡོང་བཟའ་ཁྲི་བཙུན།）在药王山凿岩建寺,她许诺工匠每凿一斗石,犒赏一升盐,终于建成贡布更德霞岩洞寺（མགོན་པོ་ཀུན་ཏུ་ཞལ།）；里域董妃赤尊（ལི་ཡུལ་སྟོང་བཟའ་ཁྲི་བཙུན།）修建了土木石结构并饰以彩绘的目芒擦寺（མིག་མངས་ཚལ་གྱི་ལྷ་ཁང་།棋苑寺）。

赞布与众后妃所行善业无算,从而使得雪域吐蕃众生皆一心向佛。所有这一切,功德无量,妙不可言也。

松赞干布大慈大悲善业圆满,众后妃尽心尽力庙宇落成之第十五章竟。

第十六章　赞布遗训与圣地志

唵嘛呢叭咪吽。

阴木牛年孟春十五日，赞布松赞干布为逻些幻显神殿举行盛大开光庆典，命内外十六大臣四位宰牲、四位司酒、四位掌厨、四位礼宾、内臣那阐布伺服身边。尼妃赤尊、汉妃文成及蒙妃赤姜携行前来参加庆典，并向赞布敬献了金品赞见礼。赞布示意将礼品供奉给天成本尊神像。

松赞干布在三位后妃的陪同下来到北殿。赞布面对大慈大悲观世音像居中而立，汉妃文成与尼妃赤尊拥立左右，蒙妃赤尊站在赞布的身后，内臣那阐布则手扶门框，头顶门楣，脚踏门槛守在北殿门口。

这时，尼妃赤尊对蒙妃嘱咐说："蒙妃殿下，要是以后有怀念我的臣民想拜见我，就让他们谒拜颦眉度母好了。"

汉妃文成也叮嘱蒙妃道："蒙妃殿下，要是往后有思念我的臣民想拜见我，就让他们谒拜绿度母便是了。"

汉妃文成对大臣那阐布还交代说："我的释迦牟尼12岁等身金像需挪个地方安立。迁移此像时，拉车的人每人头上都要插一根鸡翎，还要一个属鸡的少女走在前面引领。起驾后应先朝北走，再向西去，然后南下。南下时让那引驾的女子独自径直往西走,其他人拉着佛像到鲁普洞(ཀླུ་ཕུག)稍事停留后,再涉过齐膝深的小河,由南门进入逻些幻显神殿,把此金像藏在神殿的一间护房中,然后在护房的门上画上文殊菩萨像。到适当的时候,自有胆识超群之士会把它发掘出来的。与此同时,请把释迦牟尼8岁等身像(从逻些幻显神殿)迁移安立到惹冒切寺。这样一来,久而久之,汉人们就会对释迦牟尼12岁等身金像,犹如高悬虚空的明月,想得到也得不到了。"

赞布这时也回过头对那阐布说:"我吐蕃治下臣民若问'怎么不见主君',你就让他们顶礼我的十一面大悲观世音本尊像吧!"

接着,赞布口授"预言阶梯"道:

于此雪域卡瓦坚,
自我讫止第五代,
护法之王将出现(译注:指赤松德赞)。
是时天竺诸圣贤,
菩提萨埵莲花生(པདྨ་འབྱུང),
比马米扎无垢友(བི་མ་མི་ཏྲ),
纷纷驾临我岗坚,
彼等毕力弘善法,
众生尽皆入佛国。
嗣后再过两代半,
旁生谓者称君王(指朗达玛),
善法遭毁渐衰丧,

旁生当朝之恶世，
生灵涂炭遭祸殃。
漫漫五代百余年，
沉沉阴霾蔽苍天，
善法妙音杳杳然。
星转斗移几多年，
佛法星火复又燃，
雪域又见袈裟衣，
天成重现身语意。
冬去春来五百载，
君主名谓"光"者立[1]。
良臣名缀"闹"（ནོར་）者与，
译师二三建功绩
（ནག་ཚོ་རྒྱ་བཙུན་མེད་ལེགས་ཤེས།）[2]。
我之化身燃灯智，
挑亮残灯放光明，
即便于彼末法期[3]，

---

[1] 君主名谓"光"者立：松赞干布在本书此处预言他去世五百年后，将有名谓"光"者称王。所谓"光"者指的是"菩提光"（བྱང་ཆུབ་འོད་）和"智慧光"（ཡེ་ཤེས་འོད་）。智慧光即也协沃，系11世纪时朗达玛以下第五世阿里古格王朝出家国王。他被克什米尔突厥族王噶洛扣作人质，要求以重金赎命，后来他因将赎金用作迎请阿底峡入藏弘法而被噶洛杀害；菩提光即绛曲沃，系朗达玛以下第八世阿里古格王朝出家国王。

[2] 译师二三建功绩：译师二三指的是11世纪初，前往印度迎请阿底峡尊者的大译师纳措·楚逞杰瓦（ནག་ཚོ་ལོ་ཙཱ་བ་ཚུལ་ཁྲིམས་རྒྱལ་བ།1011—？）、甲·宗哲桑盖（རྒྱ་བརྩོན་འགྲུས་སེང་གེ）和勒贝希绕（ལེགས་པའི་ཤེས་རབ།）。

[3] 末法期：唯形象期。佛灭后佛教住世的第十个五百年，出家人徒具外表形象的末法期。这里指朗达玛灭佛之后前后弘期之间的一段时期。

> 亦使善法再复兴,
> 信徒日增遍雪域。

随后,赞布嘱咐内臣那阐布说:"我把《月灯经》(ཟླ་བ་སྒྲོན་མེ།)、《宝云经》(དཀོན་མཆོག་སྤྲིན།)、《诸佛菩萨经》(སྤྲང་སྟོང་།)、《涅槃经》(རྒྱ་ཆེན་ལས་འདས་པ།)和《业别经》(ལས་རྣམ་པར་འབྱེད་པ།)这五部经籍交给你,爱卿务必设法遗之后世法王赤松德赞。"

接着赞布松赞干布又向吐蕃臣民授记如下:

> 吐蕃冰雪方域,
> 诸佛无不赞誉,
> 预言在此胜境,
> 菩萨纷纷降临。
> 迄今五代之后,
> 菩萨赞布登基[1],
> 其嗣大智大勇,
> 更是圣明主君,

---

[1] 菩萨赞布登基:指赤松德赞(ཁྲི་སྲོང་ལྡེའུ་བཙན། 755～797在位),《唐书》作挲悉笼腊赞。赤德祖赞(ཁྲི་ལྡེ་གཙུག་བཙན། 或 ཁྲི་ལྡེ་གཙུག་བརྟན།,亦名མེས་ཨག་ཚོམས། 704～754在位)和金城公主所生子,吐蕃第三十八代赞布。755年继位,当时权臣纳南氏(赤德祖赞之妃纳南妃之舅)等立法禁佛;赤松德赞及长亲政,颁诏崇佛,迎请菩提萨埵和莲花生大师入蕃弘法、建桑耶寺,并从印度、尼泊尔请来高僧与蕃译师一起翻译了大量佛经,以"预试七人"(སད་མི་མི་བདུན།)为首创建僧团,极力扶持倡兴佛教。曾与唐室、大食、孟加拉时有战争,晚年致力于唐蕃和好。唐德宗建中四年(公元783年),唐蕃会盟于清水县。797年卒。藏史称"祖孙三法王"之一。

一统边邦藩属,
四方皆纳贡赋。
迎请高僧大德,
入蕃弘传善法,
广建庙宇佛殿,
辑译秘库经典,
剃度出家僧徒,
组建佛门僧团,
众多密乘咒师,
证得共通悉地。
如是护法君主,
广遍利乐臣民,
赞布功德圆满,
黎民福乐无边。
此君王子有三,
其一继位赞布[1],
堪称菩萨人主,
崇信佛与菩萨,
广为弘扬善法。

---

[1] 其一继位赞布:"其一"所指,原文括号中注为赤热巴巾(ཁྲི་རལ་པ་ཅན)。本名赤祖德赞(ཁྲི་གཙུག་ལྡེ་བཙན 815~836在位),唐书译作可黎可足,系赤德松赞(ཁྲི་ལྡེ་སྲོང་བཙན,又称སད་ན་ལེགས་མཛིན་ཡོན 798~815在位)第三子。12岁继位,吐蕃第四十一代赞布。前此唐蕃失和,他重用沙门大论钵阐布,致力唐蕃和好,重续甥舅之亲。吐蕃彝泰八年,唐长庆二年(822年),唐蕃会盟于拉萨,823年在拉萨大昭寺前立唐蕃会盟碑。此王笃信佛法,大集印藏译师,建立译场,厘定文字,统一译名,校订旧佛典,新译显密经论,命七户供养一僧,由于他崇佛至极,被大臣卫达纳坚(དབས་སྟག་ན་ཅན)等谋杀。藏史称"祖孙三法王"之一。

同胞兄弟三人，
其二仁慈悲悯，
另一歹毒恶凶[1]，
伺机篡位执政，
从此佛法遭劫，
黑品邪教昌兴，
属民福乐殆尽。
时有"虎耳大臣"（སྟག་ལྡག་ན་ཅན།）[2]，
纠集厉鬼九人，
侵害吐蕃黎民，
魔臣好景不长，
被一咒师所弑。
厉鬼魔臣丧命，
乱了魔界鬼魅，
一时黑品魔军，
皆助魔王逞凶，
可怜同胞弟兄，
一遭杀身命殒，

---

[1] 另一歹毒恶凶："另一"指的是朗达玛（གླང་དར་མ། 836～842在位），另名赤达玛乌冬赞（ཁྲི་དར་མ་འུ་དུམ་བཙན།），唐书译作达磨，赤德松赞第二子。836年，朗达玛伙同反佛权臣卫达纳坚谋杀其胞弟赤祖德赞，篡夺王位。朗达玛执政期间，极力排斥并下令废除佛教，拆除关闭寺庙，驱赶僧人狩猎，捣毁神龛佛像，焚烧佛教经籍……当时除康、青和阿里之外，佛教在卫藏地区遭到毁灭性破坏，史称"朗达玛灭佛"。唐武宗会昌二年壬戌（842年），朗达玛被僧人拉隆拜吉多吉所弑，吐蕃王朝统一的局面从此崩溃。

[2] 时有"虎耳大臣"："虎耳大臣"所指，原文括号中注为卫达纳坚，出生卫地（今澎波），人称"虎耳"，赤祖德赞的一大臣。因反佛而助朗达玛弑君灭佛。

一被逐出家门。
黑品横行霸道,
善法祸殃频仍,
兰若庙宇遭毁,
僧众相残杀生。
行善竟遭贬责,
作恶反得褒奖,
寺院变成鹿苑,
神殿当了畜圈,
上师罚作苦力,
僧侣被迫狩猎,
善法濒临灭绝,
黑品沸反盈天。
魔王作恶多端,
遇刺命归黄泉,
其嗣争夺王位,
乌夭战乱[1]迭现,
平民暴动造反,
世道浊恶昏暗。

---

[1] 乌夭战乱:朗达玛遇刺身亡后,其正妃无子,觅一幼婴,诈为亲生,名赤德云丹(ཁྲི་ལྡེ་ཡུམ་བརྟན་);侧妃遗腹子名朗德沃松(ཁྲི་ལྡེ་འོད་སྲུང་)。二子及长,赤德云丹据乌茹,朗德沃松据夭茹,两妃两子形成争夺王位的两派势力,各地也都有相互对立的两派,且名目繁多,如长子派、幼子派、多数派、少数派、金派、玉派、食肉派、食粮派等等,致使吐蕃境内大部分地区卷入长达二十余年的争夺王位的混战,史称"乌夭战乱"。结果两子均未能争得赞布之位,吐蕃王朝分崩离析。至己丑年(869年),吐蕃境内又爆发了大规模的平民起义。

瑞气纳入大地,
药物失去效力,
五味全无滋味,
牲畜瘦弱不支。
满山怪石嶙峋,
遍野荆棘丛生,
星辰出没无常,
雨雪不知冬春,
农耕频遭天灾,
黎民贫病交困。
鬼魅甚嚣尘上,
邪教五花八门,
厉鬼兄弟九人,
祸患吐蕃众生,
牲畜瘦弱退化,
五谷百草无华。
厮杀彼伏此起,
仇怨铺天盖地,
首饰打造兵刃,
处处刀光剑影。
盗匪结伙成群,
四处劫财害命,
如此无法无天,
黎民苦不堪言。
此后又过数代,

忽有菩萨出现,
佛法星火复燃,
又见佛门弟子,
守持戒律行善,
各地修葺寺院,
四处香火袅然。
无奈黑品妖孽,
化身出家僧人,
挑起僧徒争端,
使之彼此攻讦,
以致兵刃相残。
哄抢佛像供品,
洗劫寺庙财产,
佛门又遭劫难。
彼时黑品猖獗,
众生良知泯灭,
黎民为所欲为,
人鬼难辨难分。
盗匪结伙成群,
歹徒肆虐横行,
大地满目疮痍,
三宝屡遭厄运。
正当黑暗之世,
西方圣僧降生,
其貌颇似飞禽,

故称"鸟头圣人"(བྱ་ཡི་གདོང་བ་ཅན),
其人睿智悲悯,
崇奉观音本尊,
名曰仁钦桑布[1]。
彼时名"光"之君(བྱང་འོད་གཉིས),
大度大智大勇,
延请礼聘高僧,
其人贵胄种姓,
精通三学三律,
学贯大小五明,
弘法建树奇勋。
从其受戒弟子,
二千五百余众,
其中大师辈出,
粲若夜空启明,
宣说论律义理,
弘法遐迩闻名。
彼时善品衰微,
黑品依然隆盛,
魔力加持之徒,
聚众四处横行。

---

[1] 仁钦桑波(958～1055):译言宝贤,也协沃之子,生于阿里古格恰瓦然纳(གུ་གེའི་ཆ་ཕོ་རངྣ)地方。17岁赴印度留学长达十年,拜纳若达巴等75位大学者为师,讲、辩、著、译无所不通。回吐蕃后所从事译事规模甚大,影响深远,被尊为藏传佛教后弘期大译师之首。

施展魔法骗术,
妖言蛊惑人心,
诸种因法杂陈,
各派邪说鸦鸣。
释教正法淆乱,
良知变成邪慧,
执"无"即为"空"见,
诋毁世俗之谛,
诽谤身口苦修,
自称其教"神示"(ལྷས་བསྟན),
"无宗无派无为,
无因无缘天成。"
诸如此类邪教,
行色五花八门,
身穿羊裘狗皮,
装束猥陋怪异,
手执棍杖化缘,
乔装僧侣行乞,
不辞劳累奔波,
只为吃饱肚皮。
张扬自夸其能,
吟唱密乘咒语
法事手舞足蹈,
禅修装模作样。
证悟空无之见。

癫狂受人崇拜,
莽汉尊为圣贤,
妄语当作箴言,
愚人"二执"能断,
歹徒奉为上师,
"无记"妄称法身,
说法欺世盗名。
黑品妖魔鬼怪,
被人奉为神灵,
魔力加持之徒,
被人誉为智尊,
自称胜义教诫,
实则异端邪说。
彼时妇道败坏,
粗鄙伤风败俗,
放荡不知廉耻,
纷纷自坠恶趣。
不悟因果谛义,
不具风息心根,
妄行智慧灌顶,
彼其卑鄙行径,
一如娼妇卖淫。
假托灌顶名义,
淫乱他人妻女,
彼等邪恶之辈,

坏戒多行不义，
纷纷自堕地狱。
鬼迷心窍之徒，
假充闻思修行，
实则贪求利养，
纷纷往趋恶趣。
犯戒渎誓之徒，
违背仪轨行事，
假冒上师造孽，
无不自坠恶趣。
有的戒腊长者，
身披袈裟作祟；
有的为求利养，
诈现有德欺佛，
有的道貌岸然，
侵占僧尼财产；
有的自称尊者，
成天烂醉如泥；
有的身着法衣，
一心牟取暴利。
如许无耻败类，
假借佛法名义，
多行不义自毙，
尽皆自坠恶趣。
邪说五花八门，

异端形形色色，
佛门频遭厄运，
善法渐次衰微。
邪恶不能恒常，
善法不可战胜，
获得人身之众，
须当勤奋精进。
皈依佛门至尊，
须当言听计从，
人生短暂无常，
须当有所作为。
"有为"一切皆空，
须当系念心中。
十二缘起轮转，
须当积德行善。
苦厄来自作恶，
须当摒弃造孽。
俗谛因果相属，
须当持律守戒。
厌离轮回烦恼，
须当破惑静虑。
为了饶益身心，
须当善自为之。
思虑六道轮回，
须当厌离其苦。

有情皆为母亲，
须当仁爱悲悯。
守持菩萨梵行，
领悟无我空性。
修正二谛双运，
入进无上菩提。
僧人失戒造孽，
当属咎由自取，
不可一叶蔽目，
诋毁我佛泰山。
摒除外道言行，
须当好生修身。
事佛不可妄语，
须当证悟二谛。
切莫崇尚空谈，
须当苦行修炼。
不可增损他人，
须当好自为之。
善法一切教义，
无有三六九等，
概当修而习之，
如此身体力行，
可获吉祥圆满。
时有菩萨化身，
供奉观音本尊，

长达二百余年。
佛法明炬大师，
倍受僧众虔敬，
精通佛法心要，
住持阐扬密乘，
功德圆满无量，
如斯佛门高僧，
贤达无不供奉。
复次更有胜者，
降生东方之地，
了知显密要义，
堪称瑜伽师尊，
诸多胜上僧众，
奉之有若神明，
雪域吐蕃属民，
须当信奉彼等。
是时尊者辈出，
弟子徒众善住，
经籍失而复得，
供奉所依安立。
于此雪域胜境，
密宗胜乐本尊，

住于杂日圣山（ཙ་རི།）[1]，

此山功德殊胜；

众多应供罗汉，

住于冈底斯山，

此山甘露泉涌；

吉瑞峭壁之上，

真言字句天成；

神山"空行手印"，

功德奇异殊胜；

菩提愿行龙王，

住于玛旁雍错（མ་ཕམ་མཚོ།）[2]，

圣湖碧波荡漾；

菩提愿行龙臣，

住于青海湖（ཁྲི་ཤེས་རྒྱ་མཚོ།）[3]中，

神水饶益万物；

菩提愿行众神，

住于纳木错湖（གནམ་མཚོ།）[4]；

---

[1] 杂日圣山：西藏珞隅地区（རྒྱུལ།）一神山。12世纪末藏传佛教噶居派藏巴甲热也协多吉称此山为密宗上乐金刚圣地，首创巡礼之例。每逢申猴年，规模盛大，转山巡礼者逾万，称为"杂日巡礼。
[2] 玛旁雍错：西藏普兰县中部一湖泊，海拔4558米。
[3] 青海湖：中国最大的内陆湖，湖中有海心山、鸟岛。刚察县共和县海晏县交汇处周边有以文成公主进藏时的传说命名的日月山、倒淌河、东赞日山等名胜。
[4] 纳木错湖：西藏第一大圣湖，位于拉萨以北当雄与班戈两县之间，有波曲河（འདུ་ཀྱུ།）等河流注入，面积1993平方公里。

念青唐古拉山（ གངས་ལ ）[1]，
住有众多应供；
哈号（ད་བྲི ）冰峰雪岭，
住有无数罗汉；
勒错（རྣབས་མཚོ ）圣湖之中，
住有龙王神祇；
雪域吐蕃胜境，
山清水秀地灵，
雪峰绵延千里，
人语善合妙音，
疆域广袤胜乐，
物产富饶丰盛。
雪域吐蕃众生，
缘于前世愿净，
方得生息此境，
必当勤奋精进，
更要信仰坚定，
敬信勿生二心。
唯应胜解虔敬，
大悲观音本尊，
世尊佛陀曾说：
但凡善男信女，
若能虔心事佛，

---

[1] 唐古拉山：念青唐古拉山脉，在西藏中部纳木错湖的南沿一带，海拔 7111 米，西起当雄县，东至八宿县。

> 众等皆可获得,
> 不退转之果位。
> 如上所述授记,
> 不为利养功名,
> 谆谆肺腑之言,
> 务须领受敬信!

赞布授记完毕之后,用右手抚摸了一下尼妃赤尊的头顶,瞬时间尼妃化作一朵洁白的八瓣瑞莲,花蕊中显现出象征白度母化身的白"多罗"(ཏཱ)字样;赞布又用左手抚摸了一下汉妃文成的头顶,顷刻间汉妃化作一朵嫩绿的十六瓣瑞莲,花蕊中也显现出象征绿度母化身的绿"多罗"字样。

这时,赞布抬头仰望十一面大悲观世音本尊像片刻,随即与白绿两朵瑞莲一起化作一团光亮,就像酥油渗入沙砾,雪花飘落烫石般纳入大悲观世音像的胸际。是时正值阴木牛年(乙丑)孟春十五日(ཤིང་མོ་གླང་གི་ལོ་དབུད་ཟླ་ར་བའི་ཉིན་པར་སྐར་མ་རྒྱལ་དང་ལྡན་པ),赞布松赞干布享年85岁。

内臣那阐布和蒙妃赤姜见此情景,大惊失色地忙喊道:"陛下啊,你们要是就这样去了,往后我等臣民可如何是好啊?"

赞布闻言从观世音像的胸口探出头来说:"'非'则不能'是','无常'岂能'常'。要知有生就有死,有聚必有散;生命消逝似流水,人生苦短如梦幻。"

尼妃赤尊从观世音像的右乳方探出头来说道:"人生无常,生死由命。要知道人生一世,好比草木一秋。"

汉妃文成也从观世音像的左乳方探出头来说道:"人之将

死，气数已定。金银财宝无济于事，亲朋好友爱莫能助，自身更无回天之力。要知道人生如幻，犹如昙花一现。"

那阐布悲叹道："尔等仙逝而去，臣民该当如何？"

赞布说："哪怕吝啬的沼泽布满草原，不能没有施舍的干粮；哪怕妒忌的狂风席卷大地，不能没有戒律的庄严；哪怕五毒的盗匪肆无忌惮，不能没有克忍的铠甲；哪怕懒惰的羁绊束缚手足，不能没有勤奋的骏马；哪怕骄纵的敌人兵临城下，不能没有禅定的城堡；哪怕愚昧的黑暗笼罩四野，不能没有智慧的双眼。只有这样，才能与大悲观世音菩萨相伴相随到永远。"

这时蒙妃赤姜启请汉尼二妃赐教，尼妃赤尊对她说："一旦太阳升起，黑暗就被驱散；一旦受佛加持，五毒就被祛除；一旦心中证悟，愚昧就被赶走；一旦被佛感召，岂能留恋世俗。你若认同自身非实有，就时时向大悲观世音祈祷。"说完便隐身不见了。

汉妃文成接着说："观音之慈悲非实有，恶趣之痛苦非实有，众生之宿业非实有。若能证得二障清净，二智圆满，便可了知这世间的一切表象尽皆虚幻而非实有。若认同自身亦非实有，就请你时时向大悲观世音祷祝。"她说完便隐身而去。

蒙妃赤姜悲叹道："赞布陛下啊，我们的王子虽然神奇聪慧，可年岁尚幼，你们三人就这样撒手人寰，不再护佑吐蕃众生而去，如此于事何益？"

这时赞布从大悲观世音本尊像的上半身发出声音说道："勿执心念于内，莫弃现分于外，心性现分无我，二者皆非实有，内心外境幻显，唯应识别法性。生死有寂无别，你我今生与来世，相伴相随不分离。"

尼妃赤尊从大悲音本尊像的右乳方发出声道："莫执你于内，莫斥我于外，亦莫系念陛下，你我与他无分别，你在我心中，你应心法无别，三时（过去、现在、未来）同一平等而安住。若知内空外坏皆非实有，即为法身。"

汉妃文成从大悲观世音本尊像的左乳方发出声道："莫执心法于内，莫斥六识（眼、耳、鼻、舌、身、意）于外。离舍破立为法身，明空无执为报身，无诸遮止为化身，三身自性相同。毋庸思修，视若无我，自然处之即可。"

此时此刻，蒙妃赤姜方得领悟生死无常，法性遍及一切之真谛。

赓即，十一面大悲观世音像自胸际放射出月光般皎洁的光芒，幻显神殿的里里外外顿时被照耀得银光闪亮。与此同时，白马头明王像放射出海螺般白晃晃的光芒，度母壁画像自胸际放射出绿宝石般绿莹莹的光芒，天成药师佛壁画像自胸际放射出蓝琉璃般蓝晶晶的光芒，弥勒法轮像自胸际放射出藏红花般黄澄澄的光芒，无量光佛像自胸际放射出珊瑚般红艳艳的光芒，不动如来佛像自胸际放射出黄金般金灿灿的光芒，秽迹金刚佛自胸际放射出铁网般阴森森的光芒。就在这一道道五光十色的光芒交相辉映中，逻些幻显神殿得到了加持开光，雪域吐蕃之地也由此获得了圆满的功德和吉祥。

当十六大臣与前来参加开光庆典的人们，抬着美酒佳肴来到逻些幻显神殿时，他们不见赞布和赤尊、文成二后妃的人影，只见殿内坛城的织锦垫上放着赞布的头巾和黑色披风。

大臣智赛日岗敦质问那阐布道："赞布陛下安在？"

内臣那阐布心想，赞布与后妃三人的仙逝非同寻常，自己无论怎么解释也不会有人相信，只好缄口不言。

大臣们再三追问，他仍默不作声。脾气暴躁的大臣卫吉达那让茂（དབས་ཀྱི་སྲུག་ན་རིང་མོ།）一气之下，拔出佩剑欲问罪于他。其他大臣忙上前劝阻道："既然不见赞布，其中必有蹊跷，况且王子贡松贡赞（གུང་སྲོང་གུང་བཙན།）[1]已早逝，王孙芒松（དབོན་སྲས་མེད་སྲོང་།）[2]尚年幼，若此时治罪那阐布，何益之有？"

那阐布转而又想，既然有蒙妃赤姜可以作证，何不向大家说个明白呢？于是他就将赞布的遗嘱授记所云，以及赞布和二后妃一起纳入天成本尊像的情形，一五一十地叙说了一番。

大臣们问："既然如此，何以为证？"

那阐布说赞布留下的御着披风、尼妃和汉妃进献的赘见礼，以及诸佛与众菩萨像放射出的奇异光芒可以为证，还有蒙妃赤姜可以作证。大臣们这才相信了他的话。

这时大译师屯米桑布札站出来说："内臣那阐布所言当是，赞布陛下乃大悲观世音的化身，尼妃赤尊与汉妃文成是白绿二度母的化身，而其他四位吐蕃女子后妃也都是供养天女的化身。"

大臣智赛日岗敦面带愠色地质问屯米道："阁下如此说来，

---

[1] 贡松贡赞：亦名贡日贡赞（གུང་རི་གོང་བཙན། 581~650在世）。松赞干布子。藏史称其13岁时，松赞干布禅位于他，18岁卒，松赞干布复出。相传他与其母蒙妃赤姜一起修建了今拉萨东郊也巴寺。

[2] 芒松芒赞（ཁྲི་མང་སྲོང་མང་བཙན། 650~676在位）：松赞干布之孙，贡日贡赞和吐谷浑妃芒杰赤嘎（འའ་འཞའ་མང་རྗེ་ཁྲི་དཀར།）所生子。父禅位早卒，继松赞干布为吐蕃第三十五代赞布。因继位时尚年幼，由大臣噶尔辅政15年，27岁卒。

何以见得呢？"

"岗敦大人息怒，其中自有原委，且听我慢慢道来。"屯米接着讲述了这样一段故事：

"当初修建昌珠寺时，赞布意欲按照尼泊尔寺庙的式样建造昌珠寺，而且要吐蕃出家人也像尼泊尔僧人那样'削发赤足，身着褐色袈裟'。赞布还立下一条规定：'但凡出家人，皆应礼遇之。'当然自己也不例外。"

"昌珠寺建造之初，总遭到一五头龙妖的毁坏。当时有两位名叫（གནམ་གུགས།）和姜哲（འབྱུང་གུགས།）的策米苯布（ཚེ་མི།）教徒，他们有两个神通广大的儿子，一个叫阿雅苯布觉凑（ཨ་ཡ་བོན་པོ་ཅོ་ཚོགས།），另一个叫阿雅苯布煞凑（ཨ་ཡ་བོན་པོ་ས་ཚོགས།）。有一天，当五头龙妖又出来兴妖作怪时，兄弟二人在众目睽睽之下，摇身一变，变成两只长着利刃般翅膀的鹞鹰（ཁྲ།），一声啸鸣，直扑五头龙妖，刹那间便将龙妖的五个头一齐斩了下来。龙妖被杀死后，浊血染红了欧措湖（དངུལ་མཚོ།），龙妖临死时发出阵阵雷鸣般的吼叫声（འབྲུག་སྒྲ།）。昌珠寺（ཁྲ་འབྲུག）由此而得名。"

"此后，策米苯布的父子四人为了消除杀死五头龙妖的孽障，以其变化神通将那污血荡漾的血湖填平了。赞布松赞干布在填平的湖上造立了一座五顶宝塔，并在塔中安放了五种珍宝天然形成的五佛及五佛母十尊佛像，还安放了三种珍宝天然形成的密宗事部三怙主的造像,以及祖上留传下来的'玄秘神物'等物。赞布和策米苯布父子四人一起为这座宝塔开了光。此塔一经开光，即刻放射出五彩的祥光（喻五佛）和三色的光芒（喻三怙主），照遍卫藏四茹的碧空。此后，昌珠寺才得以落成。其他镇伏罗刹女四肢的寺庙和逻些幻显神殿及惹冒切寺等也得以顺利修建。"

"赞布陛下在昌珠寺驻锡期间，有一天，他在五顶宝塔旁遇见了一位出家人模样，但又像乞丐般满身抓虱子的人。不管怎么说，既然有'但凡出家人，皆应礼遇之'的规矩，就应当按规矩办事。于是赞布率众臣向这位出家人施过礼后问他道：'尊者，我作为一国之君，像你这样没一点出家人样子的人施礼，你不感到惊奇吗？'"

"这位尊者顺手一把举起五顶宝塔并在空中晃了几下后反问道：'且看我的本领如何？只要是出家人，不管他有没有出家人的样子，无论是神还是人，都应对他以礼相待。除了你们君臣四人，我还从来没见过能与我一见高下者！'"

"赞布面对此举，不免有些吃惊，遂解开头上的红绫带，向这位尊者炫示自己头顶上的阿弥陀佛像并问道：'对我这殊胜无比之处，你不感到惊奇吗？'"

"尊者说：'陛下能集上师、本尊、薄伽梵于一体并时常修习之，实在令人惊奇。我唯独没有你头顶上的本尊像，当自叹莫如。不过请看看我的胸膛里面，我也会让尔等为之惊叹的！'他说着从腰际抽出腰刀，一刀剖开了自己的胸膛。当时我和赞布陛下、大臣那阐布、噶尔东赞都亲眼看见这位尊者的胸间安放着四十二尊佛像。"

"随后赞布又变化成十一面千手千眼佛，并在每只手心都变化出一尊贤劫之佛。尊者赞叹道：'十一面佛叠落之首犹如宝幢一般，奇哉！妙哉！'"

屯米接着又讲道："曾几何时，里域（ལི་ཡུལ། 译注：即和田、于田一带）有两位沙弥，他俩供奉修习文殊菩萨长达十二年之久未果，遂心生抱怨大悲观世音菩萨之念。文殊菩萨得知此事后对他俩说：'二位与我似无缘分，但与观世音菩萨应有机缘。如今观世音菩萨化身为赞布松赞干布住于雪域吐蕃之地，二位不妨前去拜见之。'"

"这两位沙弥虽不知吐蕃之地在何方，但还是凭着对大悲观世音的信解之念终于来到吐蕃。他俩走到堆龙（སྟོད་ལུང་།）[1] 山口时，看见这里尸骨横陈，血污满地。听当地人说这都是被吐蕃赞布处死的罪犯。面对眼前的惨状，他俩心想，吐蕃赞布哪里是大悲观世音的化身，简直就是惨无人道的暴君！"

"这两位沙弥经打听，得知赞布在逻些，只好硬着头皮前去拜谒。当他俩穿过旦巴滩（དན་འབག་ཐང་།）时，又见遍地都是割了头的、剜了目的、砍了手的、剁了脚的、烙了皮的、斩了腰的，还有施以弗戈酷刑的死尸，惨状目不忍睹。这两位沙弥被吓得魂飞魄散，转身就往回逃，一边跑一边还抱怨文殊菩萨要么是着了魔，要么是发了疯，竟然称吐蕃赞布是观世音菩萨的化身……"

"此时此刻，赞布情知这两位沙弥已对自己大失所望，便派了一位大臣并吩咐道：'你骑上白额黑骏马速赶到当巴滩，去把两位装束跟咱们不一样，光着头穿着黄袈裟的人给我请回来！'"

"这两位沙弥当发现有人追来时，吓得心惊胆战，以为这

---

[1] 堆龙：堆龙德庆有一座叫"赤桑"（ཁྲི་བཟམ་།）的桥（意为万桥）。相传此处便是松赞干布时期的刑场，因受刑者成千上万，故名。本书此处所述与当地地名及传说相符。

下可大祸临头了。他俩被大臣带回去后,在幻显神殿南门前的草坪上受到赞布的接见。"

"赞布用里域话问他俩远道而来有何贵干,他俩把事情的原委如实地叙说了一番。赞布问他俩想不想见见阿弥陀佛,回答说久仰。于是赞布把他俩带到逻些的草地沙洲上,然后解开缠在头上的红绫带露出阿弥陀佛的尊容。陛下说:'这就是阿弥陀佛,我是吐蕃赞布,你俩不必惧怕。'"

"两位沙弥惊魂未定地问道:'阿弥陀佛乃是大慈大悲依怙主,可陛下为何涂炭生灵,滥杀无辜呢?'"

"赞布说:'我对治下臣民向来秋毫无损,然而,对那些施以仁慈而不能调伏之者,只有用峻法严刑加以惩治,以维护十善之法。不过他们都会昼死夜复生,转恶向善的。'随后,赞布问他俩想获得什么样的悉地。二位沙弥仍心有余悸,便托词说:'身心已疲惫不堪,只想回家等待归天。'"

"于是赞布给他俩一人备了一干粮袋沙子,让他俩头枕着沙袋,心想着回家,好好地睡上一觉。当他俩一觉睡醒时,已躺在千里之外的自家门口了。暖暖的阳光照在身上,干粮袋里的沙子已变成了沙金。这两位沙弥虽然生前没有获得什么悉地,但由于有缘见过赞布一面,其后代因此而获得了无饰薄伽梵果位。里域的一本书中也说吐蕃赞布松赞干布是大悲观世音的化身。"

听了屯米桑布札的这番话,大臣赛日岗敦和卫吉达那让茂等众臣,这才疑云顿释。

在汉妃文成尚未修建惹冒切寺之前,赞布曾跟她商议过修建奔塘寺的事宜。他俩商量好后,赞布便去澎波寻找工匠。

当时，在澎波有一对不知姓氏的夫妇，生有郎才女貌的两男两女。兄妹四人长大以后，彼此相互倾慕却不能结为夫妻，备受廉耻烦恼的煎熬，但他们个个都是善于工巧技艺的能工巧匠。当他们得知赞布要请他们去修建寺庙，便提出四个要求：一要不受（兄妹通婚）羞耻的制约；二要不再自己找其他活儿干；三要供给足够的口粮；四要配发披风等穿戴。这四个条件赞布都答应了。此后兄妹四人和其他工匠一起，先后建造了奔塘寺、惹冒切寺、卡札寺、滕博古巴寺和棋苑寺等寺庙。

在忙于修建寺庙期间，兄妹四人双双结为夫妻，也为生儿育女忙得不亦乐乎。后来他们的孩子多得就像漫山遍野的"吉草"（ཀྱི 译注：秦艽），以至繁衍成人称"吉人七庄"的七大村庄。汉妃文成公主说他们"乱伦不知耻，纵欲无节制，生下这许多子女就像长的漫山遍野的'吉草'"。这兄妹四人后代的姓氏因此被称作"吉"氏。

当时有位名叫嘎嘎日的苏毗苯教徒启奏赞布说："赞布陛下，你请来的工匠，因兄妹乱伦而冒犯了你的护身神，这将会给你带来晦气并危及你的性命。万万不可让他们再放纵下去，我要用咒术来阻止他们的这种行径。"这位苏毗苯教徒施展咒术，做了许多虱子模样的魔俑，放在席垫上，然后喷上水把它们变成许多鸽子般大的巨虱。随后，吉人七庄的家家户户、里里外外，到处都爬满了巨虱，而且怎么弄也弄不走。吉人七庄的人们为此惶惶不可终日。可这样一来，吉人自家兄弟姐妹之间，不是急于出嫁，就是忙着娶亲，反倒人丁居增，弄得乌茹遍地都是吉人。

从此以后，吉人说吉雪河谷（ཡུང་བ་དགྱིལ་ཤོད།）是他们吉人居住的地方，故名"乌茹吉雪"（དབུ་རུ་གྱི་གཤོངས།）。还说碧水河（གཡུ་ཆུ་སྔོན་མོ།）是他们的饮水之源，故名"吉曲河"（སྐྱི་ཆུ་སྔོན་མོ།）。

据说，后来吉人玛桑（མ་སངས།）家族的后代中，出了一个能眼观六路、耳听八方的男子。他自称："当今赞布已驾崩，王子尚年幼。俟王子成年继位之前，我便是统领吐蕃天下的君主！"此人便是所谓的"吉王赞巴"（སྐྱི་རྗེ་བཙན་པ།）。他后来被刺身亡，转生为山妖（བཙན།），故又名"吉俄隆赞"（སྐྱི་ངུར་བཙན།）。他娶其胞妹为后，这位"王后"因溺水而死，故人称"措曼王后"（མཚོ་སྨན་རྒྱལ་མོ།）。

当时，龙妖厉鬼之灾泛滥，内臣那阐布的公子董赛（གདོང་སས།）也遭侵害染上了重病，幸得一名叫稣顿惹乍（གྱུར་སྟོན་ར་ཛ།）的苯教徒施展"勒赞日登"（ཀླུ་བཙན་རུ་འཇོམས།）禳解之术才得救。"勒赞日登"禳解术因此被书写下来作为伏藏埋在空塘寺（མཁོ་ཐང་ལྷ་ཁང་།），以备后世之用。

当四位吐蕃女子后妃和内外众大臣，得知赞布和尼汉二妃确已纳入大悲观世音像仙逝后，便跪拜在像前，声泪俱下，哀号一片。

这时汉妃文成和尼妃赤尊从观世音像的左右鼻孔，赞布陛下从观世音像眉宇间的慧眼中同时亮出相来，异口同声地说道："尔等莫哭号悲伤，其实我们三人和大悲观世音没什么两样，你们只要一如既往向大悲观世音像供奉祈祷就行了。以后要是信解敬仰我们的人想念我们时，就让他们向大悲观世音像祈祷并虔诚供奉即可矣。"话音刚落，三人一晃又纳入大悲观世音像了。

随后，大臣们向十一面大悲观世音像敬献了丰盛的供奉，并就善后事宜作了一番商议。大臣噶尔东赞提议："赞布陛下与二后妃已去世纳入本尊像，若将此事声扬出去，恐于朝政不利，暂且还是秘而不宣为好，也不要修造赞布与二后妃的陵墓。对外就说，时下赞布陛下住在澎波奔巴冈桑布苑的圣光音寺（འཕན་ཡུལ་འབུམ་པ་སྒང་ཟབའི་ཚོམ་ཏུ་འོད་ཟེར་དགས་པ་སྒྲའི་གཙུག་ལག་ཁང་།），尼妃赤尊住在藏章寺（གཡས་ཏུ་གཙང་བྲིང་།），汉妃文成住在奔塘寺（འབུམ་ཐང་།）。"

一个多月后，大臣们宣称陛下与尼汉二妃身体欠安。又过了一段时日，声言病情加重。其后，这才把赞布与二后妃去世的消息公之于众，并延请阿雅苯布教徒在雅隆敦喀滩（ཡར་ལུངས་དོན་མཁར་ཐང་།）[1]修建了赞布的陵墓。

松赞干布的王陵有一由旬见方（方圆约一箭射程之地），王陵的四角处各修了一座神殿。陵墓中有通道和暗门，里面呈格子状，每个格子中都装满了奇珍异宝。赞布身着绫罗华服的纸筋泥塑像，是用车辇从后门运送进去的。赞布的四周围坐着众眷妃和大臣的塑像。王陵中书写绘制有《托通玛》（མཐོང་མཐོང་མ།）与《卦考玛》（བཀའ་ཁོལ་མ།）两部赞布遗训的文字和壁画。

尼妃赤尊的陵墓建在后藏的一处白石白土的地方（གཙང་དུ་ས་དཀར་རྫ་དཀར།）。

---

[1] 雅隆敦喀塘：松赞干布的陵墓所在地，在今山南琼结县，位置在距丕若山约三里的穷布沟尾口。据藏史记载，琼结县的藏王墓应有十三座，现在明显可见的只有九座。这九座藏王墓经有关方面考察认定是松赞干布墓、贡日贡赞墓、芒松芒赞墓、赤都松赞墓、赤德祖丹墓、赤松德赞墓、赤德松赞墓、木尼赞布墓、金城公主墓。

汉妃文成的陵墓建在钦瓦达孜（ཆྱིང་བ་སྟག་རྩེ），是用红奶牛的奶水和红土修筑而成的（译注：下文两句"ལ་ལ……"语焉不详，故省译）。

世尊释迦牟尼的父王净饭王是大悲观世音的化身，赞布松赞干布也是大悲观世音的化身，十一面大悲观世音天成本尊像与松赞干布浑然无别。净饭王的住地在迦毗罗卫，释迦牟尼的主寺在金刚座，赞布松赞干布的主寺是逻些幻显神殿。世尊释迦牟尼的两尊等身像分别安立供奉在幻显神殿和惹冒切寺，惹冒切寺业经释迦牟尼8岁等身像发出的光芒开光加持。

至于说尼妃赤尊和汉妃文成二位公主，之所以要嫁给吐蕃赞布松赞干布的缘由是：当初大悲观世音的化身松赞干布在普陀山时，他曾为普度众生到达极乐世界而竭尽全力，然而所度之者却寥寥无几，遂心生悲悯，潸然泪下。白绿二位度母正是大悲观世音的两滴泪珠变成的，因此，说松赞干布与尼汉二妃有父女关系之谓不无道理。赞布与尼汉二妃集父女、夫妻和父母（译注：所谓父母是相对吐蕃子民而言）关系于一身，共同普度雪域吐蕃众生。

由于很久以前大悲观世音（译注：净饭王也是其化身）与世尊释迦牟尼有父子关系，故释迦牟尼的两尊等身像被迎请到吐蕃之后，父与子又有缘在一起共同利乐吐蕃众生。

后世之人，凡乐善好施者，都会在逻些幻显神殿看到赞布松赞干布绘制、雕塑、铸造以及天成的诸佛与菩萨广遍益利吐蕃众生的情形。而心地不善者，只能看到铸造、泥塑和绘制的诸佛与菩萨的造像、塑身和画像而已；凡虔诚信佛且不贪色欲之者,若(绕幻显神殿)转七日"古拉",来生便可获得不退转菩萨果位;凡一心向佛且不图虚名者,若朝佛转"古拉",来生便可获得无饰罗汉果位,即便是仅仅拜佛一面,下辈子至少也可再获宝贵的人身。

汉妃文成公主在纳入大悲观世音像时曾嘱咐说:"释迦牟尼的8岁等身不动金刚像与释迦牟尼12岁等身金像安立的地方应调换一下,以防释迦牟尼12岁等身像日后被汉人夺回去。要把释迦牟尼12岁等身像从惹冒切寺转移安立到幻显神殿北下殿的一护房中,并在护房的门上画上文殊菩萨的画像。这样一来,汉人就再也找不到这尊金像了。"后来大臣那阐布、屯米桑布札和噶尔东赞的子嗣儿臣们,遵照汉妃文成公主的嘱托,将不动金刚像(8岁等身像)安立到了惹冒切寺,而将释迦牟尼金像(12岁等身像)转移到幻显神殿并举行了殊胜安住仪轨。

如上所述,有关逻些幻显神殿开光庆典、臣民们确信赞布松赞干布就是大悲观世音、"乌茹吉雪"和"吉雪河"名称的由来、赞布与尼汉二妃纳入大悲观世音像后大臣们祭奠供奉、赞布与二后妃从大悲观世音像的眉宇慧眼和左右鼻孔闪现亮相、诸佛与众菩萨像光芒四射、朝圣拜佛的三种殊胜功德,以及文成公主嘱托转移安立释迦牟尼佛8岁与12岁等身像的缘由、情形之逻些圣地志与赞布遗训之第十六章竟。

本书《吐蕃赞布松赞干布传——遗训金鬘》,又名《大悲观世音菩萨别记——遗训净金》,亦名《圣地逻些志——赞布遗训柱间史》。

跋（原著）

本书《赞布松赞干布遗训花鬘》（རྒྱལ་པོ་ཆེན་པོ་སྲོང་བཙན་སྒམ་པོའི་བཀའ་ཆེམས་མེ་ཏོག་ཕྲེང་བ་ཞེས་བྱ་བ།）所记松赞干布毕其身、语、意之力，垂恩护佑雪域吐蕃治下臣民，制定妙善法律，收服邻邦边敌，迎请殊胜本尊，开创崇佛先河以及众妃善举卓然，子臣善侍君主，修建赞布陵墓等情形，在大臣们辑写的《如意明月》（ཟླ་བ་འདོད་འཇོ།）和后妃们辑写的《圣洁素绢》（དར་དཀར་གསལ་བ།）中均有详尽记述。

赞布松赞干布的化身觉沃杰主公（阿底峡尊者）说："凡有幸书写、诵读或聆听《松赞干布遗训》或称《拉萨圣地志》的人，都将获得难以想象、不可言喻的益处和功德。"他还说："若每年能到拉萨朝圣一次并转十万个'古拉'，可胜过敬献百驮供品。"

那么，何以会有如此之大的益处与功德呢？

其一，是因为绿度母的化身智慧空行母"拉萨疯婆"也曾有授记如是说。

其二，是因为赞布松赞干布就是大悲观世音菩萨，是日月经天般万世永存的大智大勇菩提萨埵。昔光音天之子具力和力友降临凡间，其后嗣中出了"王"者众敬王。众敬王王统出释迦族净饭王王统，山居释迦族日遮巴出百军王，百军王之子日瓦吉斯巴恰拉便是从天而降、被肩舆而归的吐蕃神圣赞布聂赤赞布。吐蕃王统由聂赤赞布传至拉妥妥日年谢，再传至南日松赞之子松赞干布。从此，松赞干布便开始将雪域吐蕃众生引向教化解脱之路。本书记述了赞布松赞干布像牧人把畜群赶向水草丰美的牧场一样，普度吐蕃众生往趋怙主大日如来佛的西方极乐世界的殊胜业绩。

其三，是因为本书记述了汉妃和尼妃带到吐蕃的诸多殊胜佛像的由来。其中释迦牟尼金像（12岁等身像）和不动金刚像（8岁等身像）是内道佛教的两尊主要圣像，且造像中各安放有已入灭诸佛与菩萨的舍利和有如鸽子般大的如意宝，尤其是这两尊佛像是由佛陀入寂之前亲自开了光的。本书还记述了有关弥勒法轮像、天成金银弥勒四佛以及天成五位一体大悲观世音像（原注：此像即蛇心旃檀天成观世音像，其中安放了化身比丘远自天涯海角求得的一掬灭累佛、饮光佛和世尊佛陀的舍利）的由来；此外还叙及文殊菩萨的化身屯来桑布札依天竺文创制吐蕃文，从而使善法得以在吐蕃昌弘的情形。

有些典籍中说：佛与菩萨不曾亲临雪域吐蕃之地，故吐蕃不是佛与菩萨所化之境。有些人则认为，文殊菩萨化身为比丘希绕沃（དགེ་སློང་ཤེས་རབ་འོད་），大悲观世音化身为比丘朱巴沃（དགེ་སློང་གྲུབ་པ་འོད་），大悲观世音化身为松赞干布，金刚手大势至菩萨化身为甘冒（སྨན་མོ་），释迦牟尼化身为乐施王子（རྒྱལ་བུ་སྦྱིན་པ་དགའ་），金刚手大势至化身为拉妥妥日年谢，文殊菩萨化身为赤松德赞，释迦牟尼化身为莲花生（པདྨ་འབྱུང་

གནས།)。彼等佛与菩萨的化身都曾驻足吐蕃乌茹之地并施之以神力加持，所以说雪域吐蕃之地，佛与菩萨曾莅临，当是彼等所化境。

正因为如此，圣地拉萨才显得无比神奇壮丽，幻显神殿和惹冒切寺等所有庙宇和佛像、佛经、佛塔都具有加被神力。故而凡到圣地逻些朝拜的人，无论来自何方，无论路途远近，只要你不图名利，虔诚地转"古拉"、做礼拜、上供灯、献供奉，回去之后不造次作恶，一心向善至死不渝，那么你如此朝拜一次两次，便可证得一地二地菩萨，若是朝拜十次八次，就能证得十地八地菩萨。

觉沃杰阿底峡尊者说，赞布松赞干布的这部遗训是他按照智慧空行母（拉萨疯婆）的授记，从拉萨幻显神殿发掘伏藏得到的。这部遗训有蓝帛金粉书写的详、中、略三种。此书是为后世之人集聚善业资粮而记于书卷的。

智慧空行母曾授记说："此书极为难得，且不可轻易示之于人。"故世人难以见到，难以听到，更难以得到。

觉沃杰尊者将此书传给了旺顿（བང་སྟོན།），旺顿传给了多朗巴（སྟོད་ལུངས་པ།），多朗巴传给了坚阿巴（སྔགས་ལྷ་པ།），坚阿巴传给了内俄斯尔巴（སྣེའུ་ཟུར་པ།），内俄斯尔巴传给了直贡巴（འབྲི་གུང་པ།），直贡巴传给了迦玛巴（རྒྱ་མ་པ།），迦玛巴传给了热振巴（ར་སྒྲེང་པ།），热振巴传给了贡桑（དགོན་བཟང་།），贡桑传给了多杰慈成（རྡོ་རྗེ་ཚུལ་ཁྲིམས།），多杰慈成传给了我。

本书是依据真实无误的三卷原本抄写而成的。被称作"代桑卦念"（གཏེར་བསྒྲུབ་བཀའ་འཆམ།）的三帙原本后来作为伏藏埋藏了起来。

跋（原著）

屯米桑布札穆琼（མི་ཆུང་།）和噶尔东赞玉桑两位大臣翻译了大量天竺文和汉文佛经，他俩是赞布松赞干布的御前大译师。

赞布松赞干布的大六位法臣分别是，主司东方汉唐事务的法臣为那阐布、年华德祥曩（གནད་དཔལ་སྙེ་ཞང་སྣང་།）、芒埠觉日朗赞（མོང་ཁྲི་རྗོ་རེ་གནང་བཙན།）、琼布玉桑则（ཁྱུང་པོ་ཡུལ་ཟེ།）、觉如达嘉（ཅོག་རོ་དར་རྒྱལ།）、芒布杰桑南觉绕坚（མང་པོ་རྗེ་སྟོང་ནས་ཅོག་རོ་བརྒྱུད།）、钦芒杰芒洛（མཆིམས་མང་རྗེ་མང་ལོད།）；主司南方天竺和门域（མོན）事务的法臣为涅华氏贝古觉（གཉགས་དཔལ་སྙེ་བེ་གུ་ཅོག）；主司西方大食事务的法臣为沃姜秀让亚贡煞（འོད་ལྕང་གཞུགས་རིངས་གཡའ་གོང་བཟས།）、钦芒杰芒洛（重名）、智赛日岗敦（འབྲི་སེ་རུ་གུང་སྟོན།）、涅赤桑央敦（གཉགས་ཁྲིའུ་བཟང་ཡང་སྟོན།）、贝赞桑巴列（སྤུས་བཙན་བཟང་དཔལ་ལེགས།）、努尼东锐（སྣུབས་གཉན་སྟོང་རེ།）奏隆、（གཙུག་སྟོན།）；主司北方吐谷浑（ཧུག་གུ）事务的法臣为兰代埠桑洛赞（ལམ་སྙེ་ཁྲི་བཟང་ལོ་བཙན།）。法王松赞干布的这部遗训详本——《柱间史》（བཀའ་ཆེམས་ཀ་ཁོལ་མ་ཆེན་མོ།），由于缮写师误解而造成的增减或谬误业经校正。

格西那觉巴（དགེ་བཤེས་རྣལ་འབྱོར་པ།）照原本抄写了一本小册子，后传给了格西坚阿巴（སྐྱེན་ཨ་པ།），后来又传到夏也巴（བྱ་ཡུལ་པ།）的手中。夏也巴将这本小册子放进了灵塔。据说这本书的原本藏在一护房的一尊塑像中。

赞布松赞干布的遗训有详、中、略三部，据说有的佚散于后藏。本书即为详本，兹按原本缮写书记于此。

愿一切吉祥！

附录一　藏文铅印版出版前言

鉴于目前对藏族社会、文化、宗教、历史及人物的研究，呈现出前所未有且日益深广的局面，为了向广大读者和研究人员提供更多的藏族历史研究史料，我们特意出版了这部著名的藏族历史古籍《柱间史》(又名《吐蕃赞布松赞干布传——遗训金鬘》)。

在诸多藏族历史名著和民间传说、故事中，颇多见有关藏族族源、宗教、文化等方面最早发祥、出现情形的记述，皆称引自《柱间史》。然而，《柱间史》一书至今无任何版本的印刷版，即便抄本也极少存世，故历来广为人知而鲜为人见。

据说，此书版本在西藏自治区比较大的藏经楼或图书馆中，或许收藏有一两帙。除此而外，仅在北京民族图书馆和甘肃拉卜楞寺各收藏有一帙。拉卜楞寺藏本是用蓝纸银字缮写的，被该寺作为"语之所依"的镇寺之宝之一所珍藏。近年来，这两帙藏本估计尚有极少影印本传世。

这本鲜为人见，来历确凿，且以书面形式记载的"遗训"秘籍，在所有的藏文历史文献中当属最早的古籍之一。此书不仅记载了松赞干布一生的功业，同时还记述了文成公主和赤尊公主的业绩，所以是一部极其珍贵的史料。正因为如此，为了挽救这部濒临失传的珍贵古籍，我们整理出版了这部书。

在整理出版时，我们按原文每章末尾的章节，在篇首加了标题。本书原文共有十六章和一个跋。

本书（藏文铅印版）由甘肃民族出版社承担向拉卜楞寺借阅、誊写和编辑、出版工作；由毛兰木嘉措在百忙之中抽空予以校勘，于此一并致谢。

此外，需要注意的是，这本书中有些宗教上的说法，请读者去伪存真。

甘肃省少数民族古籍整理办公室
一九八七年十二月

附录二 藏文铅印版校勘说明

久负盛名的雪域吐蕃功德无量神圣赞布松赞干布传——《柱间史》一书，是由噶当派（བཀའ་གདམས་པ།）创始人，大班智达阿底峡尊者（ཇོ་བོ་རྗེ་ཨ་ཏི་ཤ།）于他67岁时，即藏历第一花甲子土鼠年（1048年），从拉萨大昭寺发掘"伏藏"问世的，其详本书中有记载。

此铅印版是根据北京民族图书馆收藏的手抄本，对照拉卜楞寺藏经楼收藏的善本影印件整理、校勘出版的。现有以下几点需要加以说明：

一、本书增加了目录，以方便阅读和检索。

二、根据上述两部原稿，除对 པ།、བ། 作了个别必要的改动之外，其他均保持原貌；原文中的 ཅིང་།、ཅེས།、ཅིག 和 ད།、ཤེ།、དུ། 等虚词，虽略有不合藏文文法之处，但未作改动。

三、凡经勘误之处，均作了标记：如原文之误修正后，原文加括号〔 〕标识；原文缮写重复的语句，加括号『 』注明；原文多余的字词，加括号（ ）标识，同样遗漏的字词，也做了这种标识；文成公主的名字，入蕃后写作"རྒྱལ་མོ།"或"རྒྱ་མོ།"的未作改动，而写成"འོང་ཆུང་།""འོང་ཇོ།""འོང་ཅུང་།""འོང་ཅུང་།""འོང་ཇོ།"的，均按后两个写法作了修改；凡按语法规则

修改过的词缀 "པ།" 与 "བ།"，未加标识记号。另外，像 "འོ་ཐང་།" "འོད་ཐང་གྲུམ་པ།" 和 "སྲོམ་པ།" 未作修改。关于书中所提到大臣们编写的史籍，一处写作 "རྗ་བ་འདོད་འཛི།"，另一处写作 "རྗ་བ་འོད་འཛི།"，因二者正误无从考证，故未作修改；铅印本第 31 页第 17 行："ག།" 字后原文缺词语。此外，第十六章第 296 页第 2 行至第 6 行："ལན་གསུམ་དུ་དྲིས་ཀྱང་ལན་མ་བྱུང་བས……"，这段话后边的语句有些前言不搭后语，系缮写之误。据巴窝·祖拉成瓦（1504 ~ 1566）所撰《贤者喜筵》（1986 年北京民族出版）上册第 279 页第 21 行，应为 "སྲས་སྲིད་ཐག་རིང་མོ་ན་རེ།……" 所表述之意。

由于本人学识浅薄，尤其对吐蕃乌茹、运茹地名的古今写法不甚了了，故疏漏之处在所难免。但凡原文经勘误校正过的词语，均在括号中作了保留。对如此珍贵的史料，不当有以谬传谬之误，敬希读者明鉴。

校勘者： 毛兰木嘉措 识
一九八七年十二月

译后记

凡事都有个缘起——

就翻译《柱间史——松赞干布遗训》这部书而言，说远一点，缘于我从小就随父母工作调动来到了甘南草原，高中毕业后又随着时代的潮流奔向农村这个"广阔天地"。在上山下乡的四个春秋寒暑中，我与我插队的村子——碌曲县双岔公社洛措大队大庄生产队的那些勤劳纯朴的藏族社员结下了深情厚谊和不解之缘。1977年恢复高考后，我作为77级的一员，迈进了民族高等学府——西北民族学院的大门，融入了博大精深的藏文化的海洋。从此，我便成了这大海里的一滴水。我愿作沧海之涓滴，因为"一滴水也可闪烁太阳的光辉"。

要说近也不近，1991年甘肃省少数民族古籍办委托我翻译全国少数民族古籍整理出版"八五"规划重点项目《柱间史》这部历史古籍。当我开始着手翻译时，这部书在藏族民族史、文化史、宗教史，以及在藏族僧俗学者与平常百姓心目中的地位，给了我强烈的震撼和与日俱增的压力。坦诚地说，我感到力不从心，望而却步了。

所幸我在甘肃省民委领导马世峰同志和古籍办负责人张强民、马更志同志的鞭策、鼓励下，并得到著名藏学专家赛仓·罗桑华丹活佛、多识·洛桑图丹琼排活佛和华锐·桑吉教授、高瑞教授、道周教授，还有负责本书藏文秘籍原文缮写和藏文铅印版校勘的已故拉卜楞寺大司书（仲佑钦冒）毛兰木嘉措先生的关怀和帮助，耗时八年才得以蚂蚁啃骨头似的完成了这部书的翻译。对上述诸位尊敬的先生，我在此深表衷心的感谢和诚挚的敬意。

这部近千年的珍贵藏文古籍，经本人拙译，于1997年12月由甘肃人民出版社出版（第一版）。作为汉文版译者，我既感到欣慰，因为我对发掘、整理和抢救藏族历史文化遗产，做出了"沧海涓滴"的一点微薄贡献，但我也为自己的才疏学浅而深感于心难安。译文中的疏漏失误之处，敬希方家和读者赐教指正。至于这部书的考证、研究，更有待"众人拾柴火焰高"。

我深为走遍祖国的大江南北而自豪，尤为多年生活在藏族同胞中间，常涉足青藏高原的山川莽原，拜谒过辽阔雪域许许多多的名寺古刹而感到幸运。

译者　卢亚军
于兰州西北民族大学
一九九七年八月八日